Wirksamer Handeln

Stefan Suchanek

Wirksamer Handeln

psychologische & ästhetische Aspekte zur Optimierung
von Geschäftsräumen ohne Umbau

Stefan Suchanek
München, Deutschland

ISBN 978-3-662-70552-0   ISBN 978-3-662-70553-7   (eBook)
https://doi.org/10.1007/978-3-662-70553-7

Die Deutsche Nationalbibliothek verzeichnet diese Publikation in der Deutschen Nationalbibliografie; detaillierte bibliografische Daten sind im Internet über https://portal.dnb.de abrufbar.

© Der/die Herausgeber bzw. der/die Autor(en), exklusiv lizenziert an Springer-Verlag GmbH, DE, ein Teil von Springer Nature 2025

Das Werk einschließlich aller seiner Teile ist urheberrechtlich geschützt. Jede Verwertung, die nicht ausdrücklich vom Urheberrechtsgesetz zugelassen ist, bedarf der vorherigen Zustimmung des Verlags. Das gilt insbesondere für Vervielfältigungen, Bearbeitungen, Übersetzungen, Mikroverfilmungen und die Einspeicherung und Verarbeitung in elektronischen Systemen.
Die Wiedergabe von allgemein beschreibenden Bezeichnungen, Marken, Unternehmensnamen etc. in diesem Werk bedeutet nicht, dass diese frei durch jede Person benutzt werden dürfen. Die Berechtigung zur Benutzung unterliegt, auch ohne gesonderten Hinweis hierzu, den Regeln des Markenrechts. Die Rechte des/der jeweiligen Zeicheninhaber*in sind zu beachten.
Der Verlag, die Autor*innen und die Herausgeber*innen gehen davon aus, dass die Angaben und Informationen in diesem Werk zum Zeitpunkt der Veröffentlichung vollständig und korrekt sind. Weder der Verlag noch die Autor*innen oder die Herausgeber*innen übernehmen, ausdrücklich oder implizit, Gewähr für den Inhalt des Werkes, etwaige Fehler oder Äußerungen. Der Verlag bleibt im Hinblick auf geografische Zuordnungen und Gebietsbezeichnungen in veröffentlichten Karten und Institutionsadressen neutral.

Planung/Lektorat: Alexander Horn
Springer ist ein Imprint der eingetragenen Gesellschaft Springer-Verlag GmbH, DE und ist ein Teil von Springer Nature.
Die Anschrift der Gesellschaft ist: Heidelberger Platz 3, 14197 Berlin, Germany

Wenn Sie dieses Produkt entsorgen, geben Sie das Papier bitte zum Recycling.

*Für meine Kinder
Paula & Bene*

*Dank an:
Kirstine & Theresa für ihre Beiträge
Kim für ihre wertvollen Gedanken als Sparring-Partnerin
Christof für den steten Zuspruch*

Vorwort

Der Mensch und seine Sehnsucht
Einleitung für das Buch „Wirksamer Handeln" von Stefan Suchanek, verfasst von
Kirstine Fratz, Zeitgeist Forscherin

Die Herausforderung des stationären Handels liegt darin, dass es Menschen sind, die einkaufen, und ihr Verhalten oft nicht den rationalen Prinzipien von Ökonomie, Effizienz und Vernunft folgt. Das Konsumverhalten ist dynamisch und vielseitig, geprägt von Emotionen, Stimmungen, Wetter und dem allgegenwärtigen Zeitgeist. Der Kunde bleibt die Unbekannte in jedem Geschäftsmodell, dessen Sehnsüchte und Bedürfnisse sich ständig wandeln. Zahlen, Daten und Tracking-Mechanismen allein genügen nicht, um diese tiefgreifenden Veränderungen vollständig zu erfassen.

Um die lebhaften Sehnsüchte der Konsumenten zu begreifen, ist ein ganzheitlicher Ansatz erforderlich. Dieser Ansatz erfordert ein interdisziplinäres Verständnis, das sowohl wissenschaftliche Erkenntnisse als auch die Dynamiken des Zeitgeists und ein tiefes Wissen über das Menschsein vereint.

Das Buch *Wirksamer Handeln* bietet eine wegweisende Lösung für Händler und Unternehmer, um diesen komplexen Anforderungen gerecht zu werden. Es vereint neuestes Wissen mit zeitloser Weisheit und wirtschaftlicher Vernunft und entwickelt daraus einen Leitfaden, der den stationären Handel in einen Sehnsuchtsort verwandeln kann. Stefan Suchanek hat ein Werk geschaffen, das sich nicht in kurzlebigen Trends oder Hypes verliert, sondern die ewigen wie auch zeitgeistgetriebenen Bedürfnisse der Konsumenten versteht und weiterentwickelt.

Handelskultur ist mehr als nur Wirtschaft – sie ist ein umfassender kultureller Auftrag.

Die Gestaltung des Handels steht in enger Verbindung mit den psychologischen und kulturellen Bedürfnissen des Menschen und ist tief in seinem psychosozialen Erbe verankert. Traditionell schafft der Handel öffentliche Räume, in denen Menschen die Chance haben, Neues zu entdecken – sowohl um sich herum als auch in sich selbst. Dadurch ermöglicht der Handel Erlebnisse, die materiell, emotional und kulturell bereichern. Das ist das besondere Beziehungsmanagement zwischen Handel und Kunden. Die eigentliche Königsklasse, die mittlerweile als höchste Stufe der ökonomischen Leistung beschrieben wird.[1]

Die in diesem Buch vorgestellten Ansätze liefern eine praxisorientierte Anleitung, wie der Handel gezielt auf die kulturellen und tiefenpsychologischen Herausforderungen unserer Zeit reagieren kann. Dabei spielen Neuroästhetik und moderne Wirtschaftspsychologie eine zentrale Rolle. Sie liefern wertvolle Impulse,

---

1 Nguyen, M., & Weiber, R. (2022). *Customer Experience: State of Art und Konzeptionierung.* Eigenverlag der Professur für Marketing, Innovation und E-Business an der Universität Trier, Trier. Retrieved from ▶ https://www.uni-trier.de/universitaet/fachbereiche-faecher/fachbereich-iv/faecher/betriebswirtschaftslehre/professoren/professur-weiber/forschung/downloadbereich.

um Räume so zu gestalten, dass das Verständnis für Zeit, Menschen und Kunden tiefgreifend erweitert wird und ein breites, vielversprechendes Spektrum an Gestaltungsmöglichkeiten im Handel eröffnet.

Diese Ansätze sind sowohl eine Aufforderung als auch eine Anleitung für alle *Spirit Maker* der Branche – jene, die Orte und Beziehungen gestalten möchten, die Harmonie, Begeisterung und Ausgewogenheit ausstrahlen. Sie repräsentieren den Kern des evolutionären Denkens im Handel. *Spirit Maker* sind Menschen, die den Zeitgeist durchdringen und verstehen. Sie erkennen das neue kulturelle Repertoire, das durch ständigen Wandel und Fortschritt in allen Lebensbereichen entsteht, und nutzen dieses Wissen gezielt. Dadurch werden sie zu Experten für kollektive Sehnsüchte, die früher oder später an die Türen jedes Händlers klopfen. Dieser ganzheitliche Ansatz weist den Weg zu einer nachhaltig erfolgreichen Zukunft.

Wirksamer Handeln bietet eine klare Roadmap für die facettenreiche und chancenreiche Zukunft des stationären Handels. Der stationäre Handel wird wieder zu einem Sehnsuchtsort – einem Ort, der Kunden emotional berührt, sie immer wieder anzieht und dadurch unverzichtbar macht.

Stefan Suchanek
München, Deutschland

Inhaltsverzeichnis

1	**Einleitung**	1
1.1	Einführung	2
1.2	Problemstellung & Ansätze	5
1.2.1	Einige der Ursachen	5
1.3	Wirtschaftspsychologie meets Neuroästhetik	7
1.3.1	Die wichtigsten Erkenntnisse und ihre Entdecker	8
1.4	Gegenwart und Zukunft des Handels	10
1.5	Ziel mit Zuversicht	14
2	**Der Geist – und sein Einfluss auf Empfinden und Entscheiden**	17
2.1	Software: Das Gehirn und seine kognitiven Prozesse	18
2.2	Entscheidungsprozesse: Bewusst & unterbewusst	19
2.3	Bevorzugung: Processing Fluency	20
2.4	Entscheiden unter Stress: Prospect Theory	21
2.5	Verzerrte Wahrheit	22
2.6	Verhalten: Annäherung und Vermeidung	23
2.7	Unterbewusstes Lenken: Priming	24
2.8	Gestaltgesetze	26
3	**Der Organismus – und sein Einfluss auf Empfinden und Entscheiden**	29
3.1	Liquidware – Der Körper und seine biopsychologischen Prozesse	30
3.2	Wahrnehmungsvorgang	32
3.3	Organismus & Homöostase: Das Bauchgefühl	35
3.4	Emotion: Affekt, Gefühl & Stimmung	36
3.5	Biochemische Prozesse & Hormone	38
3.6	Einkaufserleben: Ästhetische Prozesse im Handel	41
4	**Die Modulation von Empfinden und Verhalten – Die Wechselwirkung zwischen Raum und Mensch**	45
4.1	Angst der Kunden vor falschen Entscheidungen	46
4.2	Kohärenz: Raum, Mensch & Entscheidung	47
4.3	Die Modulatoren	48
4.3.1	Stress & Stressoren	49
4.3.2	Was der Mensch braucht: Grundbedürfnisse	53
4.3.3	Der „Flow": Ein Glückszustand	57
4.3.4	Staunen: Ein Hochgefühl	60
4.4	**Raumkunst: Die Atmosphäre**	62
4.4.1	Die Raumkunst – die Kraft der Atmosphäre	63
4.5	**Zusammenfassung & Checkliste wichtiger kognitiver Prozesse**	64

5	**Wirksamkeit erzielen in Raum und Gestaltung: Die Hardware**	67
5.1	Unternehmensidentität	70
5.2	Außenauftritt & Fassade	75
5.3	Schaufenster	81
5.4	Eingangsbereiche	87
5.5	Raumprogramm	92
5.6	Produktpräsentation & Möblierung	98
5.7	Oberfläche & Texturen	104
5.8	Farbe	108
5.9	Licht & Beleuchtung	115
5.10	Emotionalisierung	119
5.10.1	Tipps Storytelling	121
5.10.2	Tipps Multisensorik	122
6	**Ausblick & Potential**	125
6.1	Eigenschaften dritter Orte	126
7	**Fazit & meine Vision**	129

Serviceteil

Schlussgedanke von Dr. Theresa Gatarski 132

Personen

Über den Autor

Stefan Suchanek
ist Neuroästhetiker, Designer, Hochschuldozent, Autor und Speaker. Er studierte Interiordesign, Fashion Photography, Business Psychology und Business Administration. Und war Moderator einer eigenen Sendung beim Bayerischen Fernsehen und lernte: Es ist „die Chemie", die uns Menschen, unser Umfeld, unsere Begegnungen und Beziehungen letztendlich attraktiv und wirksam macht.

Seit 30 Jahren ist er auf der Suche nach denjenigen Reizen, die im Raum und durch Atmosphäre den Menschen „anzünden". Und ist dabei der Neuroästhetik auf die Spur gekommen: Wie Gestaltung, Harmonie und Schönheit den menschlichen Geist, Organismus, das Empfinden und sogar sein Handeln beeinflussen.

Stefan Suchanek lebt und arbeitet in München. Mit seinem Wissen gestaltet, inspiriert und begleitet er namhafte Unternehmen, die Wert auf eine menschenzugewandte, wirtschaftliche und sinnstiftende Kultur legen.
▶ www.stefansuchanek.com

Redaktion & visuelle Übersetzung

Kim Laura Brand ist Expertin für Kulturentwicklung und Intuitionsentfaltung, systemische Beraterin, Business Coach und Speakerin. Mit ihrem interdisziplinären Methodenkoffer vereint sie kreative und strategische Sichtweisen, um Unternehmen dabei zu unterstützen, ihre Prozesse, Werte und Haltungen auf nachhaltiges Wachstum auszurichten.

Echtes Wachstum erfordert echte Menschen, die Sorgen und Ängste haben, hinter denen sich Möglichkeiten verbergen.

Kim unterstützt Unternehmen auf ihrem Weg in eine positive Zukunft, in der gegenseitige Wertschätzung zu Mitarbeiterbindung und tiefen Kundenbeziehungen führt.
▶ www.kimlaurabrand.com

Einleitung

Inhaltsverzeichnis

1.1 Einführung – 2

1.2 Problemstellung & Ansätze – 5
1.2.1 Einige der Ursachen – 5

1.3 Wirtschaftspsychologie meets Neuroästhetik – 7
1.3.1 Die wichtigsten Erkenntnisse und ihre Entdecker – 8

1.4 Gegenwart und Zukunft des Handels – 10

1.5 Ziel mit Zuversicht – 14

© Der/die Autor(en), exklusiv lizenziert an Springer-Verlag GmbH, DE, ein Teil von Springer Nature 2025
S. Suchanek, *Wirksamer Handeln*, https://doi.org/10.1007/978-3-662-70553-7_1

1.1 Einführung

> „Welche Belohnungsreize braucht der Mensch? Jetzt und in Zukunft?"

In den letzten Jahren verstärkt sich im Handel der Wandel: Corona, Krisen, Umwelteinflüsse, Digitalisierung und finanzielle Herausforderungen haben das Verhalten der Konsumenten stark verunsichert. Die Abwanderung an den Onlinehandel war immens. Ein Zurückgewinnen gestaltet sich als schwierig und die Zukunft des Handels wird intensiv diskutiert.

Doch viele Umfragen zeigen Zuversicht: *Menschen sehnen sich nach einem gesunden und funktionierenden Handelsumfeld.* Sie würden lieber im stationären Handel – statt online – einkaufen.[1] Viele Händler fragen sich nun: *Was hindert sie daran, diesem Wunsch nachzugehen?*

Statt zu lamentieren, gilt es nun, Chancen zu finden und zu nutzen, den Kunden, aber auch den Mitarbeitern, durch wieder angenehmere und vor allem menschenzugewandte Prozesse und Erlebnisse ein gutes Gefühl zu vermitteln. Denn Mensch und Gehirn sind überreizt – dem Körper jedoch fehlt das gute Gefühl. Auch im stationären Handel. Was tun? Hier kommt das Wissen aus Neuroästhetik und Wirtschaftspsychologie ins Spiel. Und es geht um das letzte große

---

[1] PwC. (2021). Future of shopping: How to win consumers in the new retail landscape. Retrieved from ▶ https://www.pwc.com/gx/en/industries/retail-consumer/publications/future-of-shopping.html.

Geheimnis im Handel: *Welche Belohnungsreize braucht der Mensch und sein Organismus? Jetzt und in Zukunft?*

> **Wie entscheiden Menschen: Ein Szenario**
> Sie haben einen Termin bei mir in meinem Münchener Büro. Unser Gespräch ist beendet und zur Verabschiedung fragen Sie mich, ob ich Ihnen ein italienisches Restaurant empfehlen kann, da sie noch etwas essen möchten, bevor Sie wieder nach Hause fahren. In meiner Straße gibt es zwei davon und sie liegen direkt nebeneinander. Ich empfehle jedoch das Restaurant auf der rechten Seite, weil es meines Erachtens dort wesentlich besser schmeckt. Nachdem Sie nun vor beiden Restaurants stehen, bemerken Sie, dass das von mir empfohlene italienische Restaurant noch recht leer ist. Aber im anderen Lokal befinden sich bereits viele lachende Gäste, die Kerzen brennen und es herrscht eine angenehme Stimmung. Welches der beiden Restaurants bevorzugen Sie nun intuitiv? Natürlich das atmosphärischere Restaurant auf der linken Seite – und nicht das, das ich Ihnen empfohlen habe …
>
> » „Warum sind Sie Ihrer Intuition und nicht meiner Empfehlung gefolgt? Welche Reize haben letztendlich Ihr Unterbewusstsein und Ihren Organismus affiziert bzw. aktiviert?"

■ **Wirksameres Handeln**

Eines der wichtigsten Argumente bei Befragungen, was Menschen sich vom Handel wünschen: Mehr Menschlichkeit, Freundlichkeit und mehr Atmosphäre. Das sind nicht nur Wünsche, sondern Bedürfnisse, die tief mit unterbewussten Prozessen verankert sind. Denn:

» „Ästhetische und harmonische Prozesse aktivieren nicht nur unser Gehirn, sondern beeinflussen aufgrund ihrer hormonellen und neurovegetativen Wirkungen auch das körperliche Wohlbefinden."

Diese Effekte werden als „somatische Marker" bezeichnet. Solche körperlich spürbaren, aber oft schwer in Worte zu fassende Emotionen und Verhaltensweisen – wie das Gefühl beim Balancieren, das Spielen einer Klaviersonate oder das Verlieben – manifestieren sich in physischen Reaktionen: Eine gewisse Erregtheit, ein bestimmtes Bauchgefühl, erhöhter Puls, Gänsehaut oder Schwitzen. Somatische Marker sind entscheidend für die schnelle und unbewusste Entscheidungsfindung, was oft auch als „Intuition" beschrieben wird. Die Psychologie beschreibt dies als implizites, also unterbewusstes Annäherungs- oder Vermeidungsverhalten, auch bekannt als „Lust oder Frust". Letztlich steht hinter diesen Prozessen unsere bis dato kaum beachtete Biochemie, die letztendlich unsere psychologischen Reaktionen steuert.[2]

---

2 Damasio, A. (2010). *Self Comes to Mind: Constructing the Conscious Brain.* New York: Pantheon.

Zusammengefasst kann man sagen:

> „Unser Geist denkt, aber unser Körper lenkt."

Diese Wechselwirkung ist nicht nur ausschlaggebend für das intuitive Bevorzugungs- und Entscheidungsverhalten, sondern auch für Motivation, Leistung, Kreativität, Vertrauen, Wohlgefühl und Bindung: Letztendlich die (weichen) Faktoren für langfristigen Erfolg und Umsatz.

Sicher kennen Sie das unangenehm aufsteigende Gefühl, wenn Sie in einem Shopping-Center eine der Glastüren öffnen wollen und dreimal scheitern, bevor der vierte Versuch endlich gelingt. „Hoffentlich hat mich keiner gesehen" meldet unser autonomes Nervensystem – gleichzeitig wird uns heiß, der Puls steigt, die Hände schwitzig, die Nerven angespannt. Schlechte Karten für unsere Stimmung und Einkaufslaune. Experten bezeichnen diesen körperlichen Erlebnisprozess sogar als „höchste Stufe der ökonomischen Leistung ... denn sie schaffen einen erheblichen wirtschaftlichen Mehrwert".[3]

Es lohnt sich also, jene Prozesse zu analysieren, die Körper, Geist und Seele bevorzugt verarbeiten. Und das Wissen zu nutzen, welchen Einfluss das „ästhetische Empfinden" auf Entscheidungsprozesse und ökonomisches Verhalten hat: Sie können die Wettbewerbsfähigkeit stärken, da sie entscheidend zur Kunden- und Mitarbeiterbindung sowie zur Attraktivität und Wirksamkeit eines Unternehmens beitragen. Der Ratgeber kann somit auch einen bereichernden Beitrag zur Minderung des aktuell problematischen Einzelhändlersterbens und zur Wiederbelebung von Innenstädten bieten.

- **Schlüsselfragen**

Aktivierung – *Welche Reize affizieren Mensch, Organismus & Gehirn?*

Wohlgefühl – *Was braucht Architektur, Raum und Atmosphäre, um Menschen, Kunden & Mitarbeiter zu begeistern und zu aktivieren?*

Entscheidung – *Welche Impulse sind notwendig, um in Interaktion mit Menschen zu gehen und Kaufentscheidungen unterbewusst zu erleichtern?*

Gestaltung – *Welche Modifikationen und Optimierungen im Ladenbau sind empfehlenswert und erfordern keinen Umbau bzw. kaum Budget?*

---

3 Nguyen, M., Weiber, R. (2022). *Customer Experience. State of Art und Konzeptionierung.* Eigenverlag der Professur für Marketing, Innovation und E-Business an der Universität Trier, Trier.

1.2 Problemstellung & Ansätze

- **Die aktuelle Lage im Handel**

Die Lage im Handel ist derzeit angespannt. Viele Händler und Unternehmer sind unsicher: Einerseits möchten sie finanzielle Risiken vermeiden und zögern daher, zu investieren. Andererseits befürchten sie, durch Inaktivität ihre Marktstellung, Mitarbeiter und Kunden zu verlieren. Umfragen und Studien decken ein Dilemma auf, das dringend einer Lösung bedarf, aber auch enormes Potenzial birgt.

- **Das Dilemma**

Auf der einen Seite machen Händler externe Faktoren wie den Onlinehandel, die politische Lage, wirtschaftliche Unsicherheiten und Krisen wie die Corona-Pandemie für die Abwanderung der Kunden verantwortlich. Doch das ist nur ein Teil des Problems.

Auf der anderen Seite sehnen sich viele Kunden nach einer lebendigen, menschlichen Nahversorgung. Sie geben an, dass sie nicht unbedingt online einkaufen möchten, sondern ein Bedürfnis nach einem attraktiven, lokalen Handelsumfeld verspüren.

- **Psychologische Aspekte**

Das moderne Handelsumfeld leidet unter einer zunehmenden Ernüchterung und ästhetischen Verelendung, bedingt durch Leerstände, kühler Funktionalität, Technisierung und Rationalisierung. Es fehlt an Charisma, Wohlgefühl und einladenden Atmosphären, was zu Stress, Beliebigkeit und innerer Abkehr führt.[4] Unser endokrines System benötigt jedoch positive Reize, um Annäherungsverhalten zu fördern und Vermeidungsverhalten zu verhindern. Hier kommt die Neuroästhetik ins Spiel, die sich mit dem Wissen der Wirtschaftspsychologie verbindet.

1.2.1 Einige der Ursachen

- **Architektur: Das Experten-Laien-Paradoxon**

Die funktionalistische Architektur der letzten Jahrzehnte hat pragmatische, aber sterile Gebäude hervorgebracht. Diese wurden als modern und innovativ vermarktet, führten jedoch zu einer Vereinheitlichung und emotionalen Verarmung unserer Städte und Handelsumgebungen.[5]

---

4 Mayer-Tasch, P. C. (2014). *Die Macht der Schönheit*. Wiesbaden: Springer VS. ▶ https://doi.org/10.1007/978-3-658-03491-7.

5 Lagueux, M. (2014). Ethics versus aesthetics in architecture. The Philosophical Forum, *The Philosophical Forum, 35*(2). ▶ https://doi.org/10.1111/j.0031-806X.2004.00165.x (abgerufen am 03.05.23).

- **Wirtschaft: Informationsüberfluss und kognitiver Overload**
Die digitale und globale Welt bringt ein Überangebot an Informationen mit sich, dass Kunden überfordert und zu verzögerten Kaufentscheidungen, sinkender Kundenzufriedenheit und steigenden Rückgabequoten führt.[6]

- **Gesellschaft: Ressentiment-Verhalten (Abwanderung aus Trotz)**
Händler schieben die Schuld für die Kaufzurückhaltung oft auf externe Faktoren.[7] Dabei verkennen sie, dass Kunden sich nach authentischen Erlebnissen und Wohlgefühl sehnen und aus Trotz dem stationären Handel den Rücken kehren oder zur Konkurrenz wechseln, obwohl sie eigentlich lieber lokal oder bei Ihnen einkaufen würden.

- **Ansätze des Ratgebers**

» „Get in touch with people: „Menschenzugewandtheit" als Konzept"

Wenn wir mit einer freundlichen, emphatischen, verbindlich und zugeneigt wirkenden Person kommunizieren und von Ihr begeistert sind, sprechen wir von *Charisma* oder einem charismatischen Austausch. Wenn ein Raum oder eine Architektur diese Aufgaben oder Eigenschaften vermittelt, dann sprechen wir von *Atmosphäre*. Also eine Umgebung und Gestaltung, die den Menschen affiziert, also sozusagen „anzündet" ihm eine höhere Gestimmtheit und Wohlbefinden vermittelt. Neurowissenschaftler würden sagen: Es braucht mehr Reize, die im Belohnungszentrum verarbeitet werden.

In diesem Ratgeber konzentrieren wir uns auf Möglichkeiten und Maßnahmen, die einerseits psychologisch und ästhetisch wirksam sind und andererseits keinen grundlegenden Umbau erfordern.

- **Aufbau des Ratgebers**

Die Software: Gehirn und Entscheidung – Wie unsere Kognition Reize verarbeitet, welche sie bevorzugt und daraus eine Entscheidung entsteht.

Die Liquidware: Organismus und Entscheidung – Wie unser Organismus Reize verarbeitet, welche er bevorzugt und daraus eine Entscheidung entsteht.

Die Modulatoren von Wohlgefühl und Wirksamkeit: – Welche „weichen" Faktoren unterstützen Wohlgefühl, Bevorzugungs- und Entscheidungsverhalten. Was macht Atmosphäre aus.

Die Hardware: – Theorien, Tipps, Tricks wie Architektur, Raum, Gestaltung, Atmosphäre und Abverkauf optimiert werden können

---

6 Kaviani, H., & Alinezhad, M. (2021). The effect of mindfulness on emotion regulation: A review. *Frontiers in Neuroscience, 15*, Article 695852. ▶ https://doi.org/10.3389/fnins.2021.695852.

7 Harrison, R. (2018, December 19). The function of anger and resentment. *Psychology Today*. ▶ https://www.psychologytoday.com/us/blog/anger-in-the-age-entitlement/201812/the-function-anger-and-resentment.

1.3 Wirtschaftspsychologie meets Neuroästhetik

> **Affizieren**
> Lat. afficere „Einwirken, Einfluss nehmen auf Empfinden, Entscheiden, Wohlgefühl und Verhalten."
> Also den Menschen „anzuzünden, zu entflammen, zu begeistern."

» „Aktivierung Welche Reize affizieren Mensch, Organismus & Gehirn? Wie verbindet sich die Ästhetik mit Psychologie und Ökonomie?"

Bei der Beantwortung dieser machtvollen Frage dient uns das Wissen rund um die Forschungsfelder der Neuroästhetik und der Wirtschaftspsychologie. Sie beschäftigen sich mit der Wechselwirkung zwischen Raum, Mensch, Psychologie und Ökonomie.

- **Die Neuroästhetik**

Seit der 90er-Jahren wurde beobachtet, wie Gehirnregionen und Nervensystem auf externe und visuelle Reize und den damit verbundenen Verarbeitungsprozesse entscheidungs- und handlungsbeeinflussend reagieren.[8] Attraktive Reize haben die Fähigkeit, die Belohnungsareale im Gehirn von Menschen zu aktivieren und damit ein Wohlgefühl auszulösen: Sie wirken vertrauter, vermitteln Sicherheit, stellen sogar Beziehungen, wirken motivierend und leistungssteigernd, können sogar die Bildung von Cortisol beeinflussen und damit das Stressempfinden reduzieren.[9] Der Begriff ‚Neuroästhetik' selbst wurde vor etwa zwanzig Jahren von dem Neurobiologen Semir Zeki geprägt.

- **Die Wirtschaftspsychologie**

Die Wirtschaftspsychologie, insbesondere die Konsumentenpsychologie, untersucht das Verhalten und die Entscheidungsprozesse von Verbrauchern im wirtschaftlichen Kontext, wobei sie psychologische Prinzipien auf das Verständnis von Kaufverhalten, Markenwahrnehmung und Marketingstrategien anwendet. Sie zielt darauf ab, die zugrunde liegenden Motive und Einflüsse zu identifizieren, die das Konsumverhalten steuern, um effizientere Marketingansätze zu entwickeln.

- **Die Kombination von Neuroästhetik & Wirtschaftspsychologie**

Durch die ästhetische Ansprache des Belohnungssystems kann bei Kunden u. a. das Wohlgefühl, ein reduziertes Stressempfinden, eine höhere Gestimmtheit und die Bereitschaft aktiviert werden, sich etwas zu gönnen. Dieses kombinierte Wissen

---

8 Zeki, S. (2010). *Glanz und Elend des Gehirns. Neurobiologie im Spiegel von Kunst, Musik und Literatur.* Reinhardt Verlag.
9 Zeki, S., & Kawabata, H. (2004). Neural correlates of beauty. *Journal of Neurophysiology, 91*(4), 1699–1705. ► https://doi.org/10.1152/jn.00734.2003.

aus Ästhetik und Psychologie gelangt nun immer mehr in den Fokus der Ökonomie: Sie können als Schlüssel zur Generierung von Attraktivität, Wirksamkeit und Bevorzugung genutzt werden. Also eine wirksame Grundlage für Ihren Erfolg.

1.3.1 Die wichtigsten Erkenntnisse und ihre Entdecker

- **Gustav Theodor Fechner**

ein bedeutender Psychologe des 19. Jahrhunderts. Er legte den Grundstein für das Verständnis der Wahrnehmung und Ästhetik durch seine Untersuchungen zu den Gestaltgesetzen. Er zeigte damit auf, dass Menschen dazu neigen, Sinneseindrücke ganzheitlich zu organisieren und Bevorzugungsmuster (z. B. Symmetrie/Kontrast) erkennen und dabei unterbewusste Empfindungen für Harmonie und Schönheit eine Rolle spielen. Seine „Gestaltgesetze" werden im ▶ Abschn. 2.8 beachtet.

» „Es gibt Reizmuster, die in unserer Wahrnehmung bevorzugt werden."[10]

- **Semir Zeki**

Er erforschte, dass der visuelle Kortex nicht „als Ganzes" arbeitet, sondern verschiedenste Verarbeitungsregionen besitzt: Die Wahrnehmung von Schönheit – sei es in der Kunst, in Gesichtern oder in Musik – ist mit der Aktivierung spezifischer Gehirnregionen verbunden, insbesondere des medialen orbitofrontalen Kortex.[11] Diese Region bewirkt Belohnungsprozesse und das Erleben von Freude und positiver Emotionen. Zeki argumentiert, dass diese Aktivierung ein Maß für die „Zufriedenheit des Gehirns" darstellt, wenn es ästhetisch ansprechende Stimuli wahrnimmt. Zeki gilt als Begründer des Begriffes der „Neuroästhetik".

» „Ästhetische Erfahrungen prägen die „Zufriedenheit des Gehirns""

- **Antonio Damasio**

Ein portugiesischer Neurowissenschaftler, der wesentliche Beiträge zur Erforschung der Beziehung zwischen Emotionen, Entscheidungsfindung und neurobiologischen Prozessen geleistet hat. Seine Bekanntheit erlangte er durch das Wissen, wie somatische Marker entstehen und unseren Organismus, aber auch das Belohnungssystem im Gehirn und die Entscheidungsfindung beeinflussen.[12]

» „Ästhetische Reize können somatische Marker, also körperliche Prozesse, beeinflussen, die sich auf Wohlgefühl und Entscheidungsprozesse auswirken"

---

10 Fechner, G.T. (1966). *Vorschule der Ästhetik*. Tredition Classics.
11 Zeki, S. (1999). *Inner vision: An exploration of art and the brain*. Oxford University Press.
   Zeki, S., & Stutters, J. (2012). A brain's eye view of beauty. *Journal of Vision, 12*(9), 6.
   ▶ https://doi.org/10.1167/12.9.6.
12 Damasio, A. (2010). *Self comes to mind: Constructing the conscious brain*. Pantheon Books.

1.3 · Wirtschaftspsychologie meets Neuroästhetik

- **Eric Kandel**

Erforschte die „Chemie" im Gehirn und bekam den Nobelpreis im Jahr 2000: Welche neuronalen Prozesse bei visueller Wahrnehmung notwendig und welche biochemischen Prozesse beteiligt sind, damit Erfahrungen ins Langzeitgedächtnis gelangen und somit länger abgerufen werden können: z. B., dass es nicht nur Schönheit, sondern auch die Liquidware (Proteinkinasen) braucht, damit sich Menschen an Dinge, Personen und Ereignisse erinnern. So weiß man, dass z. B. Wiederholungen, Regelmäßigkeiten oder Symmetrien leichter gespeichert werden können.[13]

» „Ästhetische Erfahrungen können bewirken, dass Informationen länger im Kopf und in Erinnerung zu bleiben"

- **Winfried Menninghaus**

beschreibt Schönheit im Kontext der Evolution als eine ästhetische Präferenz, die sich entwickelt hat, um soziale Bindungen zu fördern und die Kooperation innerhalb von Gruppen zu stärken, was wiederum das Überleben und den reproduktiven Erfolg der Spezies begünstigt.[14] Dabei verweist er auf das Bevorzugungsverhalten bei Menschen nach Charles Darwin und bezieht sich auf die natürliche und evolutionär geprägte Selektion, bei der Individuen eine Auswahl treffen und Merkmale bevorzugen, die als Indikatoren für Gesundheit, Stärke oder Fruchtbarkeit wahrgenommen werden, um die Arterhaltung durch Erfolg, Status und Vorteilsversprechen zu maximieren.

» „Evolutionär geprägte Muster & visuelle Merkmale beeinflussen unser Unterbewusstsein, Empfinden und Verhalten mehr als wir annehmen & Gemeinsame soziale Erlebnisse aber auch Vitalitätsmuster sind ein Magnet für Menschen"

- **Helmut Leder**

Widmete sich der Erforschung des Wahrnehmungsprozesses und der daraus resultierenden Empfindung und Bewertung. Er blickt auf die kognitiven und emotionalen Prozesse, die an der ästhetischen Erfahrung beteiligt sind, sowie die Rolle von Wissen Erfahrungen und kulturellen Hintergrund: Die kognitiven und perzeptuelle Prozesse beeinflussen die Gesamterfahrung des Betrachters.[15]

---

13 Kandel, E. (2014). *Das Zeitalter der Erkenntnis. Die Erforschung des Unbewussten in Kunst, Geist und Gehirn* (2. Aufl.). Verlagsgruppe Random House.
14 Menninghaus, W. (2003). *Das Versprechen der Schönheit*. Suhrkamp.
15 Leder, H., & Nadal, M. (2014). Ten years of a model of aesthetic appreciation and aesthetic judgments: The aesthetic episode – Developments and challenges in empirical aesthetics. *British Journal of Psychology, 105,* 443–464. ▶ https://doi.org/10.1111/bjp.12048.

> „Nicht nur das WAS, sondern das WIE: Harmonien & Atmosphären und die damit verbundenen Prozesse können Menschen aktivieren und affizieren"

- **Daniel Kahneman**

ist ein Pionier der Verhaltensökonomik, der gemeinsam mit Amos Tversky die „Prospect Theory" entwickelte, die beschreibt, wie Menschen unter Unsicherheit und Risiko bzw. unter Stress oder Zeitdruck, Entscheidungen treffen und dabei systematische kognitive Verzerrungen und Muster zeigen. Für seine Beiträge zur Verhaltensökonomie erhielt er im Jahr 2002 den Nobelpreis für Wirtschaftswissenschaften. Dazu gehören:

– *Fluency Effekt*: Menschen empfinden leicht wahrnehmbare und fluente Informationen als wahrer, angenehmer oder vertrauenswürdiger.[16]
– *Zwei-Prozess-Theorie*: Sie zeigt, dass Menschen oft auf schnelle, intuitive Urteile (System 1) zurückgreifen, während analytisches Denken (System 2) mehr kognitive Ressourcen erfordert und unter Stress seltener genutzt wird.[17]

> „Je einfacher und flüssiger Reize zu verarbeiten sind, aber auch je emotionaler bzw. intuitiv ansprechender die Informationen sind, umso eher werden sie (vor allem unter Stress) bevorzugt."

1.4 Gegenwart und Zukunft des Handels

Was begeistert, aktiviert und „affiziert" die Menschen. Und ihre Kunden. Jetzt und in Zukunft?

Es irrt der Mensch, so lang er strebt, sagte schon Goethe. Menschen haben Ängste und Zweifel. Schon immer. Vor allem davor: Eine falsche Entscheidung zu treffen! Das führt(e) auch im stationären Handel zu diversen Entwicklungen, die vor allem von Unsicherheit geprägt waren. Und nach wie vor sind.

Diese Entwicklungen sind auf eine Kombination aus den bekannten technologischen, wirtschaftlichen und gesellschaftlichen Veränderungen zurückzuführen. Hier sind einige der wichtigsten Gründe:

- **Corona Nachwirkung**

Zwar längst vorbei, aber die Nachwirkung sind deutlich zu spüren: Die COVID-19-Pandemie hat das Einkaufsverhalten erheblich verändert. Viele Verhaltensanpassungen, haben zu einer Veränderung der Einkaufsgewohnheiten geführt. Vor

---

16 Kahneman, D. (2013). *Prospect Theory: An Analysis of Decision Under Risk*. In World Scientific Handbook in Financial Economics Series (Vol. 4, pp. 99–127). Dalhouse University, Canada.
▶ https://doi.org/10.1142/9789814417358_0006.
17 Kahneman, D., & Tversky, A. (2012). *Schnelles Denken, langsames Denken*. Penguin Verlag, Random House.

1.4 · Gegenwart und Zukunft des Handels

allem der Online-Einkauf wurde zur Routine und hat zur Kundenabwanderung beigetragen.[18]

» „Menschen sehen sich wieder nach Menschlichkeit. Und ein leichtes Übertreffen der Erwartungshaltung: Bereits das Anspielen unserer Grundbedürfnisse, z. B. ein Getränk oder eine kleine Praline, aber auch weiche Faktoren wie das Gefühl, besonders zu sein, Gespräche, Begegnungen, Momente, Beziehungen, Austausch, Sauberkeit, ein freundliches Lächeln und empathisches Gespräch."

» „Schon allein das Ansprechen aller Sinne – was der Onlinehandel (noch!) nicht kann – könnte diese Skepsis der Verbraucher aufheben und in Begeisterung und Loyalität umwandeln."

▪ Bequemlichkeit & Zeitmangel

Kunden haben heute ein zunehmendes Bedürfnis nach Bequemlichkeit. Der Online-Handel bietet einen hohen Grad an Komfort durch einfache Bestellprozesse, schnelle Lieferungen und die Möglichkeit, rund um die Uhr einzukaufen. Viele Verbraucher schätzen es, Zeit zu sparen und nicht für alltägliche Einkäufe in den Laden gehen zu müssen.[19]

» „Die Organisation und Strukturierung von Geschäftsflächen kann den Kunden das Gefühl der Autonomie geben, damit auch das Gefühl, die Zeit im Griff zu haben."

» „In atmosphärischen und besonders schönen Räumen kann man sogar das positive Gegenteil vorfinden: Menschen fühlen einen Flow Zustand - und vergessen Ihre Sorgen und die Zeit."

▪ Preisbewusstsein

Wirtschaftliche Unsicherheiten, wie Inflation oder Arbeitslosigkeit, beeinflussen das Einkaufsverhalten erheblich. Viele Menschen sind vorsichtiger mit ihren Ausgaben und suchen gezielt nach günstigeren Angeboten online, wo sie Preise leichter vergleichen können. Dies verringert die Bereitschaft, für denselben Artikel im stationären Handel mehr zu zahlen.

» „Durch eine intelligente und vor allem an den Preis angepasste Gestaltung erzeugen Sie bei Kunden eine Kohärenz. Man hat das Gefühl, das Produkt ist seinen Preis wert."

» „Oder noch besser: man kauft nicht das Produkt, sondern man gönnt es sich. Architektur und Atmosphäre spielen dabei eine große Rolle, wirken sozusagen als Influencer."

---

18 Sheth, J. (2020). Impact of COVID-19 on consumer behavior: Will the old habits return or die? *Journal of Business Research*, 117, 280–283. ▶ https://doi.org/10.1016/j.jbusres.2020.05.022.
19 Sheth, J. (2020). Impact of COVID-19 on consumer behavior: Will the old habits return or die? *Journal of Business Research*, 117, 280–283. ▶ https://doi.org/10.1016/j.jbusres.2020.05.022.

- **Umwelt und Nachhaltigkeit**

Zunehmendes Umweltbewusstsein führt dazu, dass Konsumenten kritischer gegenüber den ökologischen Auswirkungen ihrer Einkäufe werden. Viele bevorzugen nachhaltige Marken und Einkaufsoptionen, die oft online leichter zugänglich sind. Das traditionelle Einkaufen im stationären Handel wird in manchen Fällen als weniger nachhaltig wahrgenommen, z. B. durch den Einsatz von Einwegplastik oder die Anfahrt mit dem Auto.[20]

> „Durch die Bevorzugung authentischer und natürlicher Materialien wird ein naturnahes und nachhaltiges Bild vermittelt. Weitere Vorteile sind, dass Naturmaterialien langlebiger sind, leichter zu recyceln und Menschen ein naturverbundenes und warmes Gefühl geben."

- **Fehlendes positives Einkaufserlebnis**

Der stationäre Handel hat oft Schwierigkeiten, ein personalisiertes Einkaufserlebnis zu bieten, wie es online durch Algorithmen und Datenanalysen möglich ist. Kunden erwarten zunehmend maßgeschneiderte Angebote und Empfehlungen, die sie im physischen Laden oft nicht erhalten. Dies kann zu Unzufriedenheit und einer Präferenz für Online-Einkäufe führen.[21]

> „Studien zeigen, dass bereits durch eine einzige Anpassung erheblich mehr Umsatz und Frequenz erzielt werden kann: Mehr Freundlichkeit"

- **Angst vor schlechterer Auswahl und fehlenden Informationen (als online)**

In stationären Geschäften können Kunden oft nicht die gleiche Auswahl und Tiefe an Produktinformationen erwarten wie online. Die Angst, das beste Angebot oder den idealen Artikel zu verpassen, führt dazu, dass viele Konsumenten lieber im Internet einkaufen, wo sie Zugriff auf umfassende Produktbewertungen, Vergleichsmöglichkeiten und eine größere Auswahl haben.[22]

> „Es muss gar nicht die große Auswahl sein, sondern der Kunde muss das Gefühl der *Autonomie* haben, selbst eine Entscheidung getroffen zu haben. Es reicht oft eine intelligente ästhetische Präsentation, oder zwei weitere Alternativen anzubieten: Kunden tendieren unterbewusst ohnehin für die goldene Mitte. Und diese goldene Mitte können Sie selbst gestalten."

---

20 White, K., Habib, R., & Hardisty, D. J. (2019). How to SHIFT consumer behaviors to be more sustainable: A literature review and guiding framework. *Journal of Marketing, 83*(3), 22–49. ▶ https://doi.org/10.1177/0022242919825649.
21 Lemon, K. N., & Verhoef, P. C. (2016). Understanding customer experience throughout the customer journey. *Journal of Marketing, 80*(6), 69–96. ▶ https://doi.org/10.1509/jm.15.0420.
22 Brynjolfsson, E., Hu, Y. J., & Rahman, M. S. (2013). Competing in the age of omnichannel retailing. *MIT Sloan Management Review, 54*(4), 23–29. ▶ https://sloanreview.mit.edu/article/competing-in-the-age-of-omnichannel-retailing/.

Fatigue-Effekt

Man kennt es vor allem bei Messe –Besuchen oder am Flughafen: Diese lähmende Müdigkeit, die sich – wie von Zauberhand – nach einigen Minuten Aufenthalt einstellt. Auch beim Einkaufen oder der Shopping Tour. Das ist der *Fatigue-Effekt*: Wenn Menschen über längere Zeit einer intensiven kognitiven oder körperlichen Überreizung (Overload) und einer permanenten Aufmerksamkeitszuordnung (Hypervigilanz) ausgesetzt sind, aber auch durch schlechte Luft, flimmerndes Licht, Nebengeräusche, etc. Diese vorzeitige und unerwünschte Ermüdung bzw. körperlicher Erschöpfung und Stress kann die Entscheidungsfähigkeit, Konzentration und allgemeine Leistungsfähigkeit beeinträchtigen. Das gilt sowohl in Ihrem Geschäft, als auch in unmittelbarer Umgebung.[23] Z.B. eine Café-Ecke oder bereits eine Sitzgelegenheit zum „Runterfahren" hilft.

Stau, Parkplatzsuche, quengelnde Kinder, Zeitnot, Lärm, fehlende Übersicht, zu viele Reize und Menschen sind die wahren Herausforderungen Ihrer Kunden, bevor sie zu Ihnen kommen.

Bekommen Sie Verständnis, indem Sie selbst diese Wege abgehen und die damit verbundenen Stressoren in ihrer unmittelbaren Geschäftsumgebung, aber auch im Geschäftsraum, entschlüsseln.

» „Welche Reize erzeugen Stress oder machen müde? Wie können Sie beseitigt werden?"

Vielleicht können Sie eigenverantwortlich oder auch im Schulterschluss mit Stadt und Gewerbeverbänden für mehr Orientierung, Hinweise, Sicherheit, Licht, Begrünung, positiv stimulierender Kunst oder auch Sitz- und Spielmöglichkeiten sorgen, die nicht nur die Anreise erleichtern, sondern auch die positive Gestimmtheit.

- **Cringe**

Schon gehört? Mit dem *Cringe-Effekt* bezeichnet man das für die Generation Z peinliche oder unangenehmen Gefühl, wenn man z. B. beim Betreten eines Geschäftes angesprochen und dadurch Unbehagen ausgelöst wird. Verstärkt durch Onlineshopping und Corona, sind viele junge Konsumenten es schlichtweg nicht gewohnt, in eine zwischenmenschliche oder charismatisch – resonante Kommunikation zu treten.[24]

» „Möglichkeit: Sozialen Medien nutzen (Beispiel Instagram, TikTok und Co mit „Memes", „Reels" etc.). Schätzen Sie Authentizität und akzeptieren Cringe-Momente als natürlichen Teil des Lebens, was Ihnen ermöglicht, solche Situationen mit mehr Selbstbewusstsein zu meistern."

---

23 PwC. (2021). *Future of shopping: How to win consumers in the new retail landscape.* Retrieved from ▶ https://www.pwc.com/gx/en/industries/retail-consumer/publications/future-of-shopping.html.
24 Urban Dictionary. (n.d.). *Cringe.* ▶ https://www.urbandictionary.com/define.php?term=cringe.

- **FOMO**

Ein Akronym für „Fear of Missing Out" und bezeichnet das Gefühl etwas zu verpassen, oder, dass andere Menschen aufregendere, bedeutungsvollere oder unterhaltsamere (Einkaufs-)Erlebnisse haben, als man gerade selbst: Dahinter steckt die Konditionierung bzw. Gewöhnung, dass auf digitalen Kanälen alle Informationen sofort verfügbar und individualisiert verfügbar sind und gleichzeitig werden dort unmittelbare und mühelose Belohnungsimpulse und Likes gegeben (Instant Gratification).[25] Daraus resultiert auch eine reduziertere Aufmerksamkeitsspanne. Und das nicht nur bei Jugendlichen: Die moderne Gesellschaft empfinden bereits in kürzester Zeit Unbehagen, Nervosität und Langeweile.[26]

» „Schaffen Sie kleine Anreize, sogenannte *„Instant Gratifications"*, die das Belohnungsareal im Gehirn ansprechen, um den modernen Menschen bei Laune zu halten (so ist es nun mal) – z. B. durch Atmosphäre."

- **Fazit**

Die Architektur, Einkaufsprozesse, Planer, Entscheider, Unternehmer und Mitarbeiter müssen besser auf Empfindungstrends aller Generationen vorbereitet sein, um jeden Kunden abzuholen und ihn mit positiven Erlebnissen und Reizen bei seiner Entscheidungsfindung zu unterstützen, statt ihn vorzuführen. Um diesen Entwicklungen entgegenzuwirken, sind intelligente Strategien erforderlich.

1.5 Ziel mit Zuversicht

Um im zukünftigen Handel erfolgreich zu sein, reicht es nicht aus, Kunden und Mitarbeiter einfach zufriedenzustellen – Sie müssen sie gewinnen, begeistern und nachhaltig an sich binden. Dies gelingt durch die gezielte Verbindung von Wirtschaftspsychologie und Neuroästhetik, die nicht nur das Wohlgefühl von Kunden anspricht, sondern auch das Ihrer Geschäftspartner und Mitarbeiter!

- **Why we feel beauty?**

Die positive Affizierung, also das gezielte Einwirken auf das Empfinden, Wohlgefühl und Verhalten, ist der Schlüssel. Unser Organismus sucht nach Aktivierung und Lebendigkeit, und genau hier setzt die Neuroästhetik an. Sie zeigt auf, wie ästhetische Gestaltung – etwa durch Farben, Materialien und Raumaufteilungen – direkt auf das unterbewusste Bevorzugungsverhalten wirkt. Räume, die einladend

---

25 Abellana, Claudine & Mendez, Angela & Subido, Gerlie & Culajara, Claire Lynn. (2024). *The Social Comparison Trap:* Association between Fear of Missing out (Fomo) and Self-Esteem in College Students. *American Journal of Human Psychology, 2,* 114–120. ▶ https://doi.org/10.54536/ajhp.v2i1.2807.

26 Müller, K. W., Dreier, M., Beutel, M. E., & Wölfling, K. (2016). Pathological Internet use: A review of the literature. *Neuropsychiatry, 6*(3), 1–12. ▶ https://doi.org/10.1016/j.chb.2015.09.007.

gestaltet sind und eine angenehme Atmosphäre schaffen, fördern nicht nur das Wohlgefühl der Kunden, sondern auch das der Mitarbeiter. Diese fühlen sich wertgeschätzt und verstanden, was ihre Motivation und Loyalität steigert.

- **Investition ohne finanziellen Aufwand**
Menschen sehnen sich nach Zugehörigkeit und Vitalität. Diese Grundbedürfnisse können durch bewusst gestaltete Umgebungen gestillt werden, die auf Schönheit, Sinnlichkeit und einladende Atmosphären setzen. Eine gezielte Gestaltung, die evolutionär bewertete Reize einsetzt, kann das Annäherungs- oder Vermeidungsverhalten Ihrer Kunden und Mitarbeiter positiv beeinflussen. Dieser Ratgeber zeigt auf, wie Geschäftsräume durch einfache, aber effektive Veränderungen in Wohlfühloasen verwandelt werden können – ganz ohne teure Umbauten.

- **Get in touch with people**
Die Wirtschaftspsychologie bestätigt, dass ein Großteil unserer Entscheidungen unbewusst getroffen wird. Automatisierte Prozesse, gesteuert durch Erfahrungen und innere Impulse, bestimmen, wie wir auf Umgebungen reagieren. Durch die gezielte Gestaltung ästhetischer und ansprechender Prozesse und Marker, wird das Unterbewusstsein Ihrer Kunden und Mitarbeiter aktiviert. Ziel ist es, eine Umgebung zu schaffen, die nicht nur optisch ansprechend, sondern auch emotional einladend ist, um die Verweildauer zu erhöhen und das Wohlbefinden zu fördern.

- **Kapital der Zukunft: Die Mitarbeiter**
Dabei ist es essenziell, nicht nur die Kunden im Blick zu haben. Ihre Mitarbeiter sind die tragende Säule Ihres Erfolgs. Ein stressfreies, ansprechend gestaltetes Umfeld erhöht ihre Zufriedenheit und Leistungsbereitschaft. Die Verbindung von Neuroästhetik und Wirtschaftspsychologie ermöglicht es Ihnen, Räume zu schaffen, die alle Akteure – Kunden und Mitarbeiter – emotional ansprechen und motivieren. Nutzen Sie dieses Wissen, um Ihre Geschäftsräume in stressfreie, anziehende Zonen zu verwandeln, die Kunden binden und Mitarbeiter begeistern.

- **Also: Gönnen Sie Ihrem Geschäft einen „GlowUp"**
Als *„Glow Up"* bezeichnet man heute eine bemerkenswerte, positive Veränderung im äußeren Erscheinungsbild oder im Leben einer Person – möglichst ohne großen oder teuren Eingriff. Der Begriff wird häufig verwendet, um den Übergang von einer weniger attraktiven oder unscheinbaren Phase zu einem strahlenderen, selbstbewussteren und oft auch stilbewussteren Zustand zu beschreiben. Ursprünglich aus der englischen Umgangssprache stammend, hat der Ausdruck durch soziale Medien wie Instagram, TikTok und YouTube große Popularität erlangt. Diese neu erlangte Attraktivität wird oft als sehr anziehend empfunden. Nun sind Sie dran …

» „Meine Behauptung ist: Die intelligente Gestaltung von Wahrnehmung & Aufmerksamkeit sind die zukünftigen Attribute für Erfolg im Handel"

Der Geist – und sein Einfluss auf Empfinden und Entscheiden

Inhaltsverzeichnis

2.1 Software: Das Gehirn und seine kognitiven Prozesse – 18

2.2 Entscheidungsprozesse: Bewusst & unterbewusst – 19

2.3 Bevorzugung: Processing Fluency – 20

2.4 Entscheiden unter Stress: Prospect Theory – 21

2.5 Verzerrte Wahrheit – 22

2.6 Verhalten: Annäherung und Vermeidung – 23

2.7 Unterbewusstes Lenken: Priming – 24

2.8 Gestaltgesetze – 26

© Der/die Autor(en), exklusiv lizenziert an Springer-Verlag GmbH, DE, ein Teil von Springer Nature 2025
S. Suchanek, *Wirksamer Handeln*, https://doi.org/10.1007/978-3-662-70553-7_2

2.1 Software: Das Gehirn und seine kognitiven Prozesse

> „Wir sind nicht denkende Maschinen, die fühlen, sondern fühlende Maschinen, die denken." (Antonio Damasio)

Die Fragen aller Fragen:

> „Wie trifft das Gehirn meiner Kunden eine Entscheidung?"

Und vor allem:

> „Wie entscheidet sich das Gehirn für mein Geschäft, Produkt oder Dienstleistung?"

Sie haben in Ihrem Geschäft großartige Produkte, ein gutes Preis-Leistungs-Verhältnis, einen guten Service und sogar den kaufwilligen Kunden. Aber dann kommt der alles zerstörende Satz „Ich glaub, ich muss nochmal eine Nacht darüber schlafen ..."

Man wundert sich: Was passiert da gerade im Gehirn?

Die kognitive Entscheidungsfindung ist ein sehr komplexer Prozess: Wir haben das Gefühl, jegliche Entscheidung mit Bedacht zu treffen. Aber dem ist nicht so: Unser Geist greift zusätzlich zum Verstand unterbewusst auf Erfahrungen, gespeicherte Informationen, innere Empfindungen und äußere Reize zurück, um zwischen Alternativen zu wählen und daraus ein Annäherungs- oder Vermeidungsverhalten oder Entscheidung zu generieren. Evolutionär geprägte Mechanismen, innere Triebe, emotionale Zustände und Wünsche, aber auch Angst, Verlust und

Stress spielen eine wesentliche Rolle. Während der präfrontale Kortex eher *rationale* Abwägungen steuert, liefert das limbische System, Unterbewusstsein und Organismus *emotionale* Bewertungen. So entsteht ein dynamisches Zusammenspiel zwischen bewussten kognitiven Prozessen und unbewussten emotionalen Einflüssen, das durch individuelle Erfahrungen, soziale Normen und Präferenzen gelenkt wird.[1]

» „Verschiedenste Prozesse und Mechanismen prägen das tägliche Entscheidungsverhalten Ihrer Kunden: Sie zu verstehen, kann einen wesentlichen strategischen Vorteil mit sich bringen."

2.2 Entscheidungsprozesse: Bewusst & unterbewusst

Die *Zwei-Prozess-Theorie* der beiden renommierten Kognitionspsychologen und Verhaltensforscher Kahnemann & Tversky beschreibt zwei unterschiedliche Denkprozesse, mit Auswirkungen auf das Verständnis von Urteilsvermögen, Entscheidungsfindung und auch dem resultierenden Verhalten. Ihre Erkenntnisse halfen, die Grenzen des klassischen ökonomischen Modells des „homo oeconomicus" – des rationalen Nutzenmaximierers – aufzudecken und den Grundstein für das Feld der Verhaltensökonomie zu legen.

Ihre Forschung hat tiefgreifende Auswirkungen auf verschiedene Bereiche, von der Ökonomie und der Psychologie bis hin zum Marketing und der Politik, und sie prägen weiterhin unser Verständnis davon, wie Menschen Urteile fällen und Risiken wahrnehmen. Kahnemann bekam 2002 sogar den Nobelpreis für Wirtschaftswissenschaften.[2]

System 1 bezeichnet das automatische Denken und ist ein schneller und intuitiver Denkprozess. Er ist spontan, mühelos und erfordert wenig bewusste Anstrengung. System 1 basiert aber auch auf Heuristiken bzw. mentalen Faustregeln und ermöglicht, schnell auf bestimmte Situationen zu reagieren. Es ist stark von Emotionen und Vorurteilen beeinflusst und kann zu schnellen Schlussfolgerungen und Urteilen führen, auch wenn diese nicht immer rational oder logisch sind.

System 2 bezeichnet das reflektierende Denken und ist ein langsamerer und eher bewusster Denkprozess. Es erfordert kognitive Anstrengung, Aufmerksamkeit und mentale Ressourcen. Es wird für komplexe Probleme, kritische Analyse, logisches Denken und Entscheidungsfindung eingesetzt. Im Gegensatz zu System 1 ist System 2 rationaler und kann Fehlurteile und Vorurteile, die durch System 1 entstehen, korrigieren.

---

1 Gigerenzer, G., & Goldstein, D. G. (1996). Reasoning the fast and frugal way: Models of bounded rationality. In J. B. Walsh & S. J. M. F. M. (Eds.), *The Bounded Rationality Reader* (pp. 32–58). MIT Press.
2 Kahneman, D., & Tversky, A. (2012). *Schnelles Denken, langsames Denken*. Penguin Verlag, Random House.

Die Theorie besagt, dass Menschen oft dazu neigen, sich auf das automatische Denken von System 1 zu verlassen, da es schnell und mühelos ist. Dies kann jedoch zu kognitiven Verzerrungen und fehlerhaften Urteilen führen. System 2, das reflektierende Denken, erfordert bewusste Anstrengung und ist kräfteraubender, wird aber genutzt, um eine bewusste Kontrolle über das Denken zu haben und rationalere Entscheidungen zu treffen.[3]

Besonders im Alltag, im Handel oder auch unter Anspannung und Stress dominiert das System 1, dazu kommen noch die wobei Entscheidungen stark durch affektive Zustände und unbewusste Reize beeinflusst werden. Auch unser körperliches Empfinden und Wohlgefühl spielt eine entscheidende Rolle: So zeigt die *„Somatic Marker Hypothesis"*, dass körperliche Empfindungen – die sogenannten somatischen Marker – eine emotionale „Signatur" hinterlassen, die das Entscheidungspotenzial erheblich beeinflusst.[4] Jeder kennt das unangenehme Gefühl, wenn wir an Orten sind, z. B. mit stickiger Luft oder beengten Verhältnissen, wie in einem Fahrstuhl. Hier empfinden wir Stress, denken bevorzugt an Rauskommen (Vermeidungsverhalten) statt an Verweilen (Annäherungsverhalten).[5]

2.3 Bevorzugung: Processing Fluency

Menschen tendieren dazu, Informationen als angenehmer und vertrauenswürdiger zu empfinden, wenn diese leicht zu verarbeiten sind, da dies weniger geistigen Aufwand und Energie erfordert.[6] Diese Informationen und damit verbundene Produkte oder Angebote werden intuitiv bevorzugt. Im Gegensatz dazu werden schwer verständliche Informationen oft als unangenehm oder weniger verlässlich wahrgenommen. Kahneman und Tversky haben in Studien zur *„Processing Fluency"* aufgezeigt, wie unser Gehirn Informationen verarbeitet und wie die Leichtigkeit oder Schwierigkeit dieses Prozesses unsere Wahrnehmung, Beurteilungen und Entscheidungen beeinflusst.

Diese Effizienz der Informationsverarbeitung wird durch verschiedene Faktoren beeinflusst: Die Art der Präsentation, die Struktur und Organisation der Inhalte, die Vertrautheit mit dem Thema, die Lesbarkeit und sogar die phonetische Einfachheit der verwendeten Wörter. Besonders im visuellen System spielt die Strukturierung eine entscheidende Rolle, insbesondere im Hinblick auf Selektion und Energieeffizienz. Das Gehirn bevorzugt es, spezifische, evolutionär bedeutsame Merkmale zu verarbeiten, wie zum Beispiel die Erkennung von Gesichtern oder die Eigenschaften von Objekten (Größe, Farbe, Bewegung). Diese visuellen

---

3 Kahneman, D., & Tversky, A. (2012). *Schnelles Denken, langsames Denken* (S. 32–44). Penguin Verlag, Random House.
4 Damasio, A. (2005). The somatic marker hypothesis: A neural theory of economic decision. *Games and Economic Behavior, 52*(2), 336–372. ▶ https://doi.org/10.1016/j.geb.2004.06.010.
5 Damasio, A. R. (1994). *Descartes' error: Emotion, reason, and the human brain*. Grosset/Putnam.
6 Kahneman, D., & Tversky, A. (2012). *Schnelles Denken, langsames Denken*. Penguin Verlag, Random House.

Details werden durch unterschiedliche Mechanismen in verschiedenen Hirnregionen erfasst und zu einem ganzheitlichen Bild zusammengeführt.

> „Bei der Gestaltung von Umgebungen und Kommunikation ist es entscheidend, die Wahrnehmung so einfach und flüssig wie möglich zu gestalten."

> „Lieber Bilder statt Text: Z.B. lachende Menschen oder klare Symbole und Farben – etwa Rot für Verbot und Grün für Erlaubnis – tragen Sie dazu bei, Informationen effizient, intuitiv und positiv zu vermitteln."

2.4 Entscheiden unter Stress: Prospect Theory

Die *Prospect Theory* (ebenso von *Kahneman & Tversky* – die beiden waren einfach gut) erklärt, wie Menschen unter Unsicherheit und Risiko Entscheidungen treffen. Sie widerspricht der traditionellen ökonomischen Theorie der rationalen Wahl und zeigt, dass Entscheidungen stark von subjektiven Faktoren und sogar kognitiven Verzerrungen geprägt sind.

Menschen bewerten Ergebnisse im Vergleich zu einem Referenzpunkt, meist dem aktuellen Zustand, statt auf Basis absoluter Werte. Sie neigen dazu, bei Gewinnen sicherheitsorientiert (risikoscheu) und bei Verlusten risikofreudig zu handeln, um Verluste zu vermeiden. Zwei zentrale Aspekte dieser Theorie sind:

- **Die Wertefunktion**

Menschen nehmen Verluste stärker wahr als gleichgroße Gewinne. Dieser Effekt heißt *Verlustaversion*. Ein Beispiel: In Experimenten bevorzugen die meisten Teilnehmer eher, keinen Verlust von 100 € zu erleiden, als einen Gewinn von 100 € zu erhalten.

> „Gestalten Sie Ihre Produkte, Werbung und Atmosphäre so, dass Menschen das Gefühl haben, davon bereichert zu werden, z. B. mit einer Ersparnis, einem angenehmen Aufenthalt oder einer wertschätzenden Geste ... auch wenn Sie nichts kaufen. Unser Gefühl erinnert sich."

- **Die Gewichtungsfunktion**

Menschen überbewerten geringe Wahrscheinlichkeiten und unterschätzen mittlere bis hohe Wahrscheinlichkeiten. Ein typisches Beispiel ist die Angst vor seltenen Ereignissen, wie Flugzeugabstürzen, obwohl diese unwahrscheinlich sind.

> „Inszenieren Sie gewinnbringende Effekte: Wohlstand, Freiheit, Glück und Vitalität – also z. B. Obst, mit Hinweis, „nicht krank zu werden", oder einen opulenten Sessel, um sich „endlich" als wohlverdiente Prinzessin zu fühlen."

Die Theorie bietet einen Rahmen, um zu verstehen, wie Menschen in risikobehafteten Situationen Entscheidungen treffen. Zudem beschreibt sie die *Valenz*, also die „hedonistische Erfahrung", nach der Menschen nach dem größtmöglichen hedonistischen Nutzen streben. *Und hier kommt die Atmosphäre Ihres Geschäftes ins Spiel: Entscheidungen hängen davon ab, ob eine Situation als angenehm oder unangenehm erlebt wird.* Evolutionär betrachtet sind diese Entscheidungen sogar überlebenswichtig, da Menschen intuitiv vorteilhafte und gefährliche Situationen voneinander unterscheiden sollten.

> „Insgesamt zeigt die, dass Menschen oft nicht rational, sondern emotional und subjektiv entscheiden – ein Ansatz, der in vielen psychologischen Experimenten bestätigt wurde."[7]

2.5 Verzerrte Wahrheit

Warum bevorzugen Menschen energiereiche Schokolade statt Zwieback. Unser Gehirn verbraucht viel Energie und möchte deshalb Energie bekommen oder zumindest sparen. Auch beim Denken und Entscheiden: Die *Heuristik* ist eine mentale Abkürzung oder *Daumenregel,* die wir verwenden, um schnelle und effiziente Entscheidungen zu treffen, oft bei Stress, bei begrenzter Zeit oder Ressourcen. Heuristiken können nützlich sein, um komplexe Probleme zu vereinfachen und schnelle Entscheidungen zu generieren. Können aber auch unter bestimmten Bedingungen zu systematischen Verzerrungen führen: z. B. Rauchen bei Stress, das nur kurzfristig und scheinbar beruhigt, aber mittelfristig zu einer Abhängigkeit und somit zu zusätzlichem Stress führen kann.

Heuristiken sind spontan und intuitiv. Da die Heuristik oft unmittelbar und anstrengungslos wirkt, vermittelt sie das Gefühl von Richtigkeit und Wahrheit. Die klassischen Heuristiken sind die *Repräsentativitätsheuristik*, die *Verfügbarkeitsheuristik*, und die *Verankerungs- und Anpassungsheuristik*.[8]

- **Repräsentativitätsheuristik**

Menschen neigen dazu, etwas aufgrund von Ähnlichkeiten mit einem Prototyp oder einer Kategorie zu bewerten. Zum Beispiel glaubt man, dass jemand mit Anzug und Aktenkoffer eher ein Manager ist, obwohl die Anzahl der Manager viel kleiner sein könnte als andere Berufe, die ebenso mit Aktenkoffern rumlaufen, z. B. Vertreter oder Geheimagenten.

> „Es empfiehlt sich mit hochwertigen Marken zu arbeiten oder entsprechend zu werben (Markenname, Logo, Poster oder Testimonial bzw. prominente Persönlichkeit), da dieses Bild oder die damit verbundene Begehrlichkeit auf Ihr Geschäft übertragen wird. So wirkt ein simples Haarspray von Schwarzkopf durch Heidi Klum gleich glamouröser und eleganter."

---

7   Kahneman, D., & Tversky, A. (2012). *Schnelles Denken, langsames Denken.* Penguin Verlag, Random House.
8   Kahneman, D. (2013). Prospect Theory: An Analysis of Decision Under Risk. In World Scientific Handbook in *Financial Economics Series* (Vol. 4, pp. 99–127). Dalhouse University, Canada.
    ▶ https://doi.org/10.1142/9789814417358_0006.

- **Verfügbarkeitsheuristik**

Entscheidungen werden oft auf der Basis von Informationen getroffen, die leicht abrufbar oder besonders präsent sind. Zum Beispiel überschätzen viele Menschen die Wahrscheinlichkeit von Flugzeugabstürzen, weil über diese in den Medien stärker berichtet wird, als über Fahrradunfälle.

» „Nutzen Sie deshalb so prägnante Informationen wie „Nur noch drei auf Lager …" (kennen wir sogar von Amazon und Co)."

- **Anker- und Anpassungsheuristik**

Menschen lassen sich bei Entscheidungen oft von einem Ausgangswert (Anker) beeinflussen und passen ihre Schätzungen dann nur unzureichend an. Bei Preisverhandlungen wird ein erster Angebotspreis als Anker gesetzt, und der endgültige Preis bleibt meist in dessen Nähe, obwohl er willkürlich sein kann.

» „Zeigen und inszenieren Sie bevorzugt die exklusiveren Produkte aus Ihrer Kollektion in der Mitte oder am Eingang Ihres Geschäftes, dann tendiert der Kunde zum preislichen Mittelfeld statt nur zum Günstigsten."

2.6 Verhalten: Annäherung und Vermeidung

Menschen sind stets bestrebt, ein Gleichgewicht in ihren sozialen Beziehungen und Einstellungen herzustellen, indem sie das Motiv der Annäherung und Vermeidung verwenden. Dabei handelt es sich um das Gesamtkonstrukt von menschlicher Motivation und Handeln im Gleichgewicht auf das Erreichen von Zuständen wie Lust, Sicherheit und Wohlbefinden. Dazu gehören zwei grundlegende (und dem Handel dienliche) Bestrebungen: Die Belohnungseffekte im menschlichen Gehirn durch Komponenten wie Lust, Wohlbefinden und Sicherheit zu steigern, und zum anderen das Bestreben, Unlust, Schmerz oder Unsicherheit zu vermeiden.

- **Oft ist es nur ein minimaler Impuls mit großer Wirkung**

Je nachdem, welche Reize oder Komponenten überwiegen, wird unterbewusst ein *Annäherungsverhalten* (Promotion Focus) oder *Vermeidungsverhalten* (Prevention Focus) ausgelöst:

- **Promotion Focus:**

Mit dem *Promotion Focus*, also dem Annäherungsverhalten, wird das Streben nach Sicherheit und Wohlbefinden bezeichnet, sowie auch Wünsche und Bestrebungen zu erfüllen und bezieht sich auf Verhaltensweisen, bei denen eine Person danach strebt, sich einer belohnenden oder positiven Situation oder einem Objekt zu nähern. Es ist durch den Wunsch gekennzeichnet, positive Erfahrungen zu machen, Freude zu empfinden oder positive Ziele zu erreichen. Es ist oft mit positiven Emotionen wie Freude, Lust oder Aufregung verbunden und wird als belohnend empfunden.

> „Kunden fühlen sich wohler, wenn sie sich sicher, wertgeschätzt oder wie zu Hause fühlen. Wohnliche Ecken mit Sofa, Bilder, Kissen, Pflanze und Stehleuchte sind günstige Möglichkeiten, um durch die entstehende Atmosphäre ein intuitives Annäherungsverhalten auszulösen."

> „Und, superwichtig: Licht lockt Leute!!!"

- **Prevention Focus:**

Das Vermeidungsverhalten befasst sich mit dem Bestreben, Risiken zu vermeiden, Sicherheit und den Status quo aufrecht zu erhalten.[9] Vermeidungsverhalten bezieht sich auf Verhaltensweisen, bei denen eine Person versucht, sich von einer bedrohlichen, unangenehmen oder negativen Situation oder einem Objekt fernzuhalten. Bereits unhygienische oder ungepflegte Oberflächen oder Böden, Lärm, dicke Luft usw. können Ekel oder Stress auslösen und resultieren in Handlungen wie Zurückhaltung bis hin zu Rückzug.

> „Kurz: Entlarven und beseitigen Sie jegliche Stressoren!!!"

Das Vermeidungs- oder Ablehnungsverhalten ist oft stärker und aussagekräftiger als das Annäherungsverhalten. Es ist mit tieferen Emotionen wie Angst, Furcht, Verlust, Schmerz oder Unbehagen verbunden. Und bietet einen evolutorischen Vorteil, da ein Vermeidungsverhalten tendenziell in früheren Zeiten mehr Sicherheit und Überlebenschancen geboten hat.

Es gibt auch keine starren Kategorien, da individuelle Unterschiede, Persönlichkeitsmerkmale und Kontexte auch einen Teil dazu beitragen, aber ein angepasstes Verhältnis zwischen Annäherungs- und Vermeidungsverhalten kann zu einer gesunden Regulation und Akklimatisierung an verschiedene Situationen und soziale Beziehungen führen.[10]

2.7 Unterbewusstes Lenken: Priming

Priming bezeichnet die durch äußere Reize ausgelösten Prozesse, die unbewusst Aufmerksamkeit, Emotionen und Handlungen beeinflussen. Ein vorangegangener Reiz (Priming-Reiz) kann nachfolgende Denk- und Verhaltensmuster (sog. Target-Reiz), die damit assoziiert sind, aktivieren. Dieser Effekt wird auch als *Zugänglichkeitseffekt* oder *Bahnung* bezeichnet. Dabei können bei Kunden aber auch bei Mitarbeitern die Wahrnehmung, Denken, Aufmerksamkeit, Motivation, Kreativität usw. aber auch die Entscheidungsfindung beeinflusst werden.

Experimente zeigen: Werden beispielsweise positive Wörter oder Bilder dargeboten, bevor Menschen eine soziale Interaktion beginnen, führt es dazu, dass sie sich offener und freundlicher geben und zu einem Annäherungsverhalten tendie-

---

9 Puca, R. M., & Langens, T. A. (2002). Motivation. In J. Müsseler & W. Prinz (Hrsg.), *Allgemeine Psychologie* (S. 225–270). Spektrum Akademischer Verlag.
10 Felser, G. (2015). *Werbe- und Konsumentenpsychologie* (4. Aufl.). Springer-Verlag.

2.7 · Unterbewusstes Lenken: Priming

ren.[11] Im Gegensatz dazu bewirken bedrohliche oder negative Reize, dass sich Teilnehmer eher zurückziehen und sich distanzierter verhalten.

» „Nutzen Sie bei Konzeption Ihrer Architektur, Ihrer Dekoration oder bei der Auswahl von Werbemedien dieses Wissen, um im Kopf stets die „richtigen Bilder und Assoziationen" zu erzeugen, die Ihre Unternehmen dienlich sind. Generell lieben Menschen Assoziationen mit Natur, Urlaub, Status, Schönheit, Luxus, Wohlbefinden und Begehrlichkeit."

Die Forscher *Reber, Winkielman und Schwartz* erkannten wie *Priming* die Leichtigkeit der Verarbeitung (*Processing Fluency*) und die Bevorzugung (*Präferenzverhalten*) beeinflusst. Ihre Studie zeigte, dass *Priming* die Entscheidungszeit verkürzt und zu einer positiveren Bewertung führt.[12] Obwohl dieser subtile Effekt oft unbemerkt bleibt, können Sie – richtig und behutsam eingesetzt – das Entscheidungsverhalten Ihrer Kunden modulieren: Ein mächtiges Instrument, was auch eine bewusste und verantwortungsvolle Anwendung notwendig macht.

» „Eine ansprechende Lounge kann den Menschen aus seinem gestressten Alltag abholen und beruhigen. Allein die Symbolhaftigkeit von bequemen Sesseln, einem gemütlichen Stehleuchte, Büchern und Bildern, erzeugen aus unserer Erfahrung ein Bild der Geborgenheit und wirken auf den Körper stressreduzierend: So zeigen Untersuchungen, dass die sinnhafte Gestaltung von Lebensräumen als Motivator zur Bewältigung von Krisen, Anforderungen oder Stress dienen kann."[13]

Priming Effekt

Als „*Priming*" wird in der Psychologie als eine Art der „Vorbereitung" oder „Bahnung" gesehen. Es bezieht sich auf den Prozess, durch den vorherige Erfahrungen oder Reize die spätere Wahrnehmung, Bewertung oder sogar Entscheidungen einer Person beeinflussen. Es läuft oft unbewusst ab und kann dazu führen, dass bestimmte Informationen oder Konzepte schneller abgerufen werden, wenn sie zuvor aktiviert wurden.

In einem faszinierenden Experiment von Chartrand und seinem Team im Jahr 2008 wurde entdeckt, wie unterschwellige visuelle Reize wie Bilder oder Atmosphären subtile Auswirkungen auf das Verhalten haben können. Durch die Präsentation von Bildern, die exklusive oder alltägliche Situationen darstellten, wurden bei den Versuchspersonen bestimmte Denkmuster aktiviert. Diese kaum wahrnehmbare Aktivierung beeinflusste maßgeblich, ob die Testpersonen später im Verlauf des Experiments eher günstige oder teure Marken bevorzugten.

---

11 Grawe, J. K. (2004). *Annäherungs- und Vermeidungspriming: Einfluss auf das Verhalten in sozialen Interaktionen* (Unveröffentlichte Dissertation). Universität Leipzig.
12 Reber, R., Schwarz, N., & Winkielman, P. (2004). Processing fluency and aesthetic pleasure: Is beauty in the perceiver's processing experience? *Personality and Social Psychology Review, 8*(4), 364–382.
13 Kolodej, C. (2022). *Priming – Starke Räume entstehen lassen: Eine Kompetenz für Beratung, Verhandlung und Mediation.* Springer Gabler.

2.8 Gestaltgesetze

Die *Gestaltgesetze* sind zentrale Prinzipien der Wahrnehmungspsychologie, die erläutern, wie Menschen visuelle Informationen zu sinnvollen Mustern und Strukturen organisieren. Diese Gesetze, entwickelt von *Wertheimer, Köhler und Koffka* in den frühen 1900er-Jahren, basieren auf der Idee, dass das Gehirn visuelle Eindrücke nicht isoliert, sondern in Beziehung zueinander wahrnimmt, um ein kohärentes Gesamtbild zu schaffen.[14] Die Anwendung dieser Prinzipien verbessert die *„Processing Fluency"*, also die Leichtigkeit, mit der Informationen verarbeitet werden. Reize, die den Gestaltgesetzen folgen, werden schneller und als angenehmer sowie vertrauenswürdiger wahrgenommen.

In der Architektur und im Shop Design sind die Gestaltgesetze entscheidend, da sie die Wahrnehmungsflüssigkeit optimieren, das Stressempfinden reduzieren und ein spontane Kaufimpulse anstoßen können.

Insgesamt ermöglichen die Kombination von *Processing Fluency, Priming* und den *Gestaltgesetzen* eine effizientere und angenehmere Informationsverarbeitung und Entscheidungsfindung im Handel.[15]

» „Überprüfen Sie, ob Ihr Ladenbau oder die damit verbundenen Bedien- oder Aufenthaltsprozesse den Gestaltprinzipien entsprechen: Wird Ihr Ladendesign, seine Funktion und Bedeutung intuitiv erfasst, um klare und positive Entscheidungen zu generieren?"

» „Reduzieren Sie Elemente, die nur funktionell sind und damit lieblos, monoton und zu steril wirken, und keine ästhetischen Wahrnehmungsprozesse mehr stimulieren."

- **Gesetz der Ähnlichkeit**

Dekorieren oder positionieren sie Produkte, Objekte oder Muster, die ähnliche Eigenschaften wie Form, Farbe oder Textur haben, als Gruppe oder Einheit. Ähnliche Elemente werden als zusammengehörig oder als „Familie" wahrgenommen und bieten ein belohnendes Seherleben oder sogar Wow – Effekt.

- **Gesetz der Nähe**

Elemente, die nahe beieinander liegen, werden als zusammengehörig wahrgenommen. Oft werden solche Anordnungen bevorzugt.

- **Gesetz der guten Fortsetzung**

Elemente, die eine gerade oder glatte Linie bilden, werden oft als zusammengehörig wahrgenommen. Dieses Gesetz führt dazu, dass Flusslinien oder kontinuierliche Muster bevorzugt werden, da sie eine angenehme visuelle Kontinuität aufweisen.

---

14 Wertheimer, M. (1923). Untersuchungen zur Lehre von der Gestalt, *II. Psychologische Forschung, 4*(1), 301–350. ► https://doi.org/10.1007/BF02409762.
15 Heimann, K., & Schütz, A. (2017). *Wie Design wirkt* (S. 207 ff.). Rheinwerk Design.

Solche Effekte werden in Shopping-Centern als Bodenlinie oder auch als Deckenkante eingebracht. Sie können z. B. einen langen schlanken Teppich wie einen Laufsteg einsetzen und Kunden „mit magischer Hand" in weniger frequentierte Bereiche geleiten.

- **Gesetz der Symmetrie**

Symmetrische Formen oder Muster werden oft als ästhetisch ansprechend wahrgenommen. Symmetrie vermittelt ein Gefühl von Ausgewogenheit und Ordnung, was ebenfalls zur bevorzugten Wahrnehmung, aber auch Vertrautheit, Sicherheit und bei Gesichtern eine genetische Vitalität vermitteln kann.[16]

---

16 Menninghaus, W. (2003). *Das Versprechen der Schönheit* (S. 155). Suhrkamp.

Der Organismus – und sein Einfluss auf Empfinden und Entscheiden

Inhaltsverzeichnis

3.1 Liquidware – Der Körper und seine biopsychologischen Prozesse – 30

3.2 Wahrnehmungsvorgang – 32

3.3 Organismus & Homöostase: Das Bauchgefühl – 35

3.4 Emotion: Affekt, Gefühl & Stimmung – 36

3.5 Biochemische Prozesse & Hormone – 38

3.6 Einkaufserleben: Ästhetische Prozesse im Handel – 41

© Der/die Autor(en), exklusiv lizenziert an Springer-Verlag GmbH, DE, ein Teil von Springer Nature 2025
S. Suchanek, *Wirksamer Handeln*, https://doi.org/10.1007/978-3-662-70553-7_3

3.1 Liquidware – Der Körper und seine biopsychologischen Prozesse

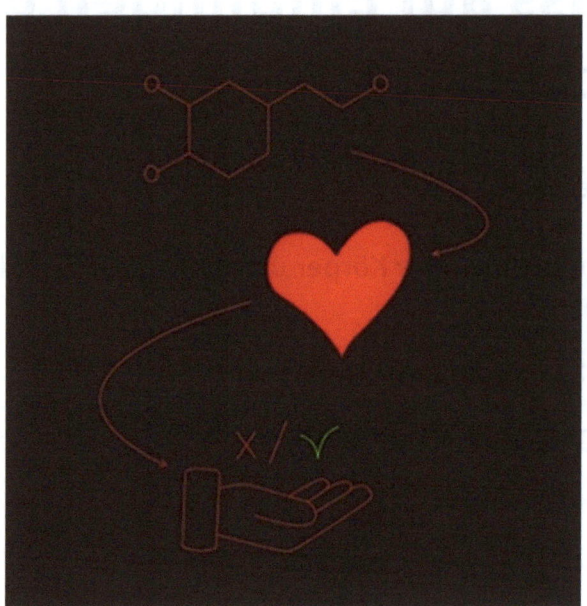

» „Menschen werden vergessen, was du gesagt hast. Menschen werden vergessen, was du getan hast. Aber Menschen werden nie vergessen, wie Du sie hast fühlen lassen" (Maya Angelou, 1928–2014)

Somatische Marker

Sie kennen das unangenehm aufsteigende Gefühl, wenn Sie in einem Shopping Center, Hotel oder Bürokomplex eine der Glastüren öffnen wollen und dreimal scheitern, bevor der vierte Versuch endlich gelingt. „Hoffentlich hat mich keiner gesehen" meldet unser autonomes Nervensystem – gleichzeitig wird uns heiß, der Puls steigt, die Nerven angespannt. Was macht das mit unserem ganzen Körper? Und schließlich auch mit der Stimmung und der Kauflaune?

Gab es die frühere Auffassung, dass Entscheidungen primär durch rationales Denken gesteuert werden, so weiß man heute, dass emotionale Erfahrungen nicht nur unsere Kognition betreffen, und wir Freude oder Unsicherheit empfinden, sondern auch unseren ganzen

3.1 · Liquidware – Der Körper und seine biopsychologischen Prozesse

Körper und seine Kreisläufe.[2] Sobald sich das neurovegetative System, unser Herz-Kreislauf-System, das Immunsystem und sogar das Hormonsystem einschalten, wird es interessant: Die sogenannten somatischen Marker, die im Körper bzw. Organismus wirken und auch spürbar sind (z. B. Stress, Herzklopfen, Magengefühle), stehen in unmittelbarer Resonanz mit dem Gehirn und unterstützen die Kognition, schnell und effizient zwischen verschiedenen Handlungsoptionen zu wählen.[3] Sie fungieren oft als unbewusste „Leitplanken" bei der Bewertung von Entscheidungsoptionen und signalisieren dem Gehirn, welche Optionen potenziell vorteilhaft oder schädlich sein könnten, indem sie positive oder negative körperliche Reaktionen hervorrufen. Diese Erkenntnisse werden auf die evolutionären Vorteile der Menschen begründet und haben Meilensteine gesetzt, inwieweit Gestaltung, Atmosphären oder visuelle Reize unser Gehirn, das Empfinden und daraus resultierende Entscheidungen beeinflussen können. Und damit sogar prognostizierbar machen.

- **Wenn „die Chemie stimmt"**

Erinnern Sie sich noch an den Einführungstext? … dass Menschen intuitiv oft das atmosphärische Restaurant bevorzugen, statt der Empfehlung...

Lernen wir einfach aus der Evolution und Partnerwahl: Wenn ein potenzieller Partner zwar toll aussieht, ein netter Mensch ist und dazu noch treu, lieb und erfolgreich … aber letztendlich *nicht gut* riecht, dann kommt nur schwer ein Flirt, geschweige eine Beziehung zustande. Das scheint evolutorisch im Abgleich unserer Erbgutvorteile begründet zu sein und steckt noch in den Kinderschuhen der wissenschaftlichen Forschung. Doch es zeigt:

> „Das Gehirn denkt, doch der Organismus lenkt."

Die körperlichen Erfahrungen, die Menschen in einem Geschäft oder während des Einkaufs machen werden bis dato noch kaum in der Gestaltung und Architektur beachtet. Vielleicht weil sie schwer verbalisierbar und auch schwer messbar sind. Umso interessanter und wichtiger, sie näher zu betrachten – um Mensch, Mitarbeiter und Kunde, sowie sein Empfinden und Entscheiden noch besser zu verstehen. Was macht die Liquidware?

In der zwischenmenschlichen Kommunikation werden diese, oft schwer in Worte zu fassende, aber dennoch spürbaren Effekte als *Charisma* bezeichnet. In der Architektur oder im gebauten Umfeld als *Atmosphäre*. Oft sind sie mit Wohlgefühl, Glücksempfinden, Staunen, Anziehung & Stressfreiheit etc. verbunden.

---

1 Hüther, G. (2021). *Lieblosigkeit macht krank: Was unsere Selbstheilungskräfte stärkt und wie wir endlich gesünder und glücklicher werden.* Herder.
2 Damasio, A. R. (1994). *Descartes' error: Emotion, reason, and the human brain.* Grosset/Putnam.

Die damit verbundenen Phänomene sind sehr wirksam, denn sie affizieren Herz-Kreislauf-System, Vitalsystem, Nervensystem bis hin zur Modulation von Hormonen und Neurotransmittern. Darin liegt wesentliches Potenzial: Richtig eingesetzt, ist das ein wirksames und machtvolles Instrument.[1]

3.2 Wahrnehmungsvorgang

» „Wir sehen die Dinge nicht, wie sie sind, wir sehen sie, wie wir sind." (Anaïs Nin)

Das Verständnis dieser Prozesse – von der Reizaufnahme (Gestaltung, Atmosphäre, Produkt) bis zur Einkaufshandlung (Umsatz, Bindung, Erfolg) – ist entscheidend, um die enge Verbindung zwischen Wahrnehmung und körperlichem Empfinden zu begreifen. Vor allem die visuelle Wahrnehmung dominiert die Einkaufserfahrung und prägt maßgeblich das Verhalten und Entscheiden der Konsumenten.

Im Kern startet der Wahrnehmungsprozess mit der Reizaufnahme durch die Sinnesorgane. Ein visueller Reiz, wie das Licht, das von einem Objekt reflektiert wird, trifft auf das Auge und wird durch verkettete Transformationen und Transduktionen in elektrische Impulse umgewandelt. Diese werden dann ans Gehirn weitergeleitet, wo sie durch neuronale Filterprozesse verarbeitet und interpretiert werden. Erst dann folgt eine Entscheidung. Manchmal bewusst, aber im Wesentlichen oft unterbewusst. Der Harvard – Professor Gerald Zaltmann behauptet nach seiner Studie, dass sogar 95% aller Kaufentscheidungen unterbewusst getroffen werden.[4]

- **Der multimodale Wahrnehmungsprozess**

Unsere Wahrnehmung ist ein Ablauf in sieben Schritten, die das Zusammenspiel von sensorischer Reizaufnahme, Verarbeitung, perzeptueller Organisation, Interpretation und schließlich Handlung umfassen.[5] Und jeder Schritt hat seine Besonderheiten ...

- **Sensorische Reizaufnahme**

Licht, das von einem Objekt reflektiert wird, gelangt ins Auge. Dabei spielen Eigenschaften wie Textur, Form und Lichtfarbe eine Rolle, die in der weiteren Verarbeitung berücksichtigt werden. Ohne eine gewisse Helligkeit

---

3   Damasio, A. R. (2000). *The feeling of what happens: Body and emotion in the making of consciousness.* Harcourt.
4   Zaltman, G. (2003). *How customers think: Essential insights into the mind of the market.* Harvard Business Press.
5   Goldstein, E. B. (2015). *Perceptional psychology: Wahrnehmungspsychologie.* Dept. of Psychology, University of Pittsburgh. Deutsche Ausgabe: Springer Verlag.

können Rezeptoren im Auge nicht genug wahrnehmen. Es bedarf einen gewissen Mindestreiz (sog. Aktivierungspotenzial), um überhaupt „in Gang" zu kommen.

» „Gutes und intelligentes Licht ist einer der wichtigsten Faktoren, um Geschäftsräume zu optimieren. Neue LED-Lichttechnik ist nicht nur energiesparender, sondern macht ein Geschäft brillanter, sicherer, anziehender und appetitlicher."

- **Selektion von Farbe und Kontrast**

Das reflektierte Licht wird durch die Cornea auf die Retina projiziert. Hier reagieren ca. 120 Mio. Sehstäbchen auf Helligkeit & Kontraste und ca. 6,5 Mio. Sehzapfen auf Farben. Dann wird Licht in elektrische Signale umgewandelt. Bei zu wenig Licht reagieren die Zapfen kaum mehr. Darum sehen wir bei Dunkelheit eher schwarz-weiß.

» „Generell gilt: Kontraste werden leichter verarbeitet, aber Farben werden emotionaler bewertet. Nur gute und ausreichende Beleuchtung lässt Farben und Produkte frisch aussehen! Es lohnt nicht mit Männern über Rottöne zu diskutieren: Sie haben im Auge durchschnittlich weniger Farbrezeptoren als Frauen und können oft nicht so viele Nuancen wahrnehmen, vor allem im Rotbereich" („Rot-Grün-Schwäche")

- **Transduktion**

Die Lichtenergie wird in elektrische Impulse umgewandelt, um ans Gehirn weitergeleitet zu werden. Dieser Prozess beinhaltet auch eine Verstärkung der Signale, um eine präzisere Wahrnehmung bei variierenden Lichtverhältnissen zu ermöglichen.

» „Zu schwacher Lichteinfall führt zur zusätzlichen Erhöhung der Konzentration von Opsin-Proteinen bzw. Sehpigmenten, um besser Kontraste und Farben wahrzunehmen: Das kann zu Verzerrungen oder Wahrnehmungsbeeinträchtigungen hervorrufen. Und bedeutet Stress für den Organismus."

- **Perzeptuelle Organisation**

Die ins Gehirn geleiteten Impulse werden dort strukturiert und organisiert, um sinnvolle und somit bevorzugte Wahrnehmungseinheiten zu bilden. Hier kommen die Gestaltgesetze (s. ▶ Abschn. 2.8) ins Spiel, die die Gruppierung von Reizen basierend auf Ähnlichkeit, Nähe oder Kontinuität unterstützen.

» „Verwirrung unter den Sinnesorganen führt zur Dissonanz: Blau eingefärbter Orangesaft schmeckt nicht mehr, obwohl die Lebensmittelfarbe völlig geschmacksneutral ist."

» „Und: Nur brillantes Licht lässt Produkte genießbar aussehen. Unter Leuchtstoff – Licht wirkt vieles sehr fahl, verdorben oder verstaubt."

- **Interpretation und Bedeutungszuweisung**
Neuronale Impulse werden mit früheren Erfahrungen und Wissen abgeglichen, was zur Zuweisung von Bedeutung und Kontext führt. Dieser Prozess zeigt die Subjektivität der Wahrnehmung, da unterschiedliche Personen identische Reize verschieden interpretieren können.

» „Wir erkennen und interpretieren nur, was wir zu erkennen gelernt haben. So entstehen verschiedene Vorlieben und subjektive Meinungen. Nutzen Sie also verstärkt vertraute Symbole, Marken, Bilder, Gesichter, Persönlichkeiten etc."

- **Wahrnehmungsentscheidungen & 7. Handlungen**
Basierend auf der Interpretation des Reizes trifft das Gehirn Entscheidungen, die spezifische Handlungen auslösen, wie Bewegungen oder verbale Reaktionen: Das Gedächtnis ist rekonstruktiv – nicht reproduktiv!

» „Jeder hat seine eigene Wahrnehmungswahrheit. Unser Unterbewusstsein weicht ungern davon ab. So behauptet manchmal das Gehirn eines Zeugen, dass bei einem Unfall das Auto grün war, obwohl es ein rotes Auto war: Eine solche Verzerrung kann z. B. passieren, wenn der Zeuge selbst in der Kindheit einen Unfall mit einem grünen Auto hatte. Damit hat sich ins Gehirn ein Schema eingebrannt, das bei Erinnerungsabruf sich als Fehlinformationseffekt herausstellt."[6]

Dieser Prozess verdeutlicht, wie eng sensorische und kognitive Mechanismen verknüpft sind. Wahrnehmung ist somit nicht nur ein passives Abbilden der Außenwelt, sondern ein aktiver, subjektiver Prozess, der durch individuelle Unterschiede, kulturelle Einflüsse und Erfahrungen geprägt ist. Die dynamische und flexible Natur dieses Prozesses erlaubt es dem Gehirn, ständig relevante Informationen zu selektieren und die Aufmerksamkeit anzupassen.

» „Sorgen Sie für eine gute Wahrnehmung und haben Sie Verständnis für Wahrnehmungsverzerrungen Ihrer Kunden. Nutzen Sie die im Buch genannten Muster, die eine Wahrnehmung und Reizverarbeitung erleichtern, um Missverständnisse zu vermeiden."

---

6 Schacter, D. L. (1999). The seven sins of memory: Insights from psychology and cognitive neuroscience. *American Psychologist, 54*(3), 182–203. ▶ https://doi.org/10.1037/0003-066X.54.3.182.

> **Salienz**
>
> *Salienz* beschreibt die Eigenschaft eines Reizes, besonders hervorzustechen und unsere Aufmerksamkeit zu erregen. Saliente Reize sind z. B.: Intensive Farben, Überdimensionales, Dinge in Bewegung, unerwartete Ereignisse, Überraschungen und Kuriositäten.[7] Also Dinge oder Situationen, die uns zum Staunen bringen. Sie werden von unserem Gehirn priorisiert verarbeitet. Diese selektive Wahrnehmung hilft uns, in einer komplexen Umwelt effizient zu agieren, indem wesentliche Informationen hervorgehoben und irrelevante Reize unterdrückt werden. Studien zeigen, dass visuell saliente Objekte schneller erkannt und besser erinnert werden.[8] Vor allem in frequentierten Lagen oder Einkaufszentren, wo Menschen stark abgelenkt sind, ist es von Vorteil, mit salienten Reizen zu arbeiten, um nicht „übersehen" zu werden.

3.3 Organismus & Homöostase: Das Bauchgefühl

- **Der Organismus**

Der Organismus bezieht sich hier auf den gesamten Körper des Menschen, einschließlich des Gehirns, der Nerven und anderer biologischer Systeme, die eng miteinander verbunden sind: Immun- bzw. Vitalsystem, kardiovaskuläres System (Herz-Kreislauf), neuronales System (Nerven) und Hormonsystem.[9]

Viele Emotionen, Empfindungen und Verhaltensmuster, die durch *somatische Marker* entstehen, sind Teil der körperlichen Reaktion des Organismus auf Umwelt- und Umgebungsreize. Das Nervensystem, insbesondere das autonome Nervensystem, spielt eine entscheidende Rolle dabei, wie der Körper auf diese Marker reagiert und wie diese Reaktionen wiederum das Verhalten beeinflussen.

- **Somatische Marker**

Somatische Marker sind körperliche Reaktionen oder Gefühle, die mit bestimmten emotionalen Erlebnissen verknüpft sind und auch im Handel die Entscheidungsfindung beeinflussen.[10] Der Neurowissenschaftler *Antonio Damasio* hat in Studien untersucht, wie emotionale Reaktionen (Erregtheit, Stress, Herzklopfen, Schwitzen oder Schwindel) unbewusst Entscheidungen leiten. Diese Marker speichern vergangene Erfahrungen und können uns helfen, schnelle und oft unbewusste Entscheidungen zu treffen, indem sie auf mögliche Risiken oder Belohnungen hinweisen.

---

7 Itti, L., Koch, C. (2001). Computational modeling of visual attention. *Nature Reviews Neuroscience, 2*(3), 194–203. ▶ https://doi.org/10.1038/35058500.
8 Nothdurft, H.-C. (2000). Salience from feature contrast. *Visual Cognition, 7*(3–4), 353–376. ▶ https://doi.org/10.1016/S0042-6989(00)00168-1.
9 Damasio, A. R. (1994). *Descartes' error: Emotion, reason, and the human brain*. Grosset/Putnam.
10 Damasio, A. R. (2000). *The feeling of what happens: Body and emotion in the making of consciousness*. Harcourt.

- **Das Bauchgefühl**

Das „Bauchgefühl" ist das Resultat der Homöostase – dem Bestreben des Körpers, ein stabiles inneres Gleichgewicht zu bewahren. *Damasio* zeigte auch, dass physiologische Zustände und Emotionen unbewusst in kognitive Prozesse eingreifen. Wird dieses Gleichgewicht durch Stressoren gestört, aktivieren sich somatische Marker. Typische Stressoren sind z. B.: Schlechte Luftqualität, Schwitzen, Frieren, Zugluft, unangenehme Lautstärke, leichtes Schmerzempfinden (z. B. Blendung durch Licht), aber auch Ekel (z. B. Unsauberkeit), Angst (z. B. fehlende Orientierung, Dunkelheit, unpassender Umgangston), Enge, Überreizungen, Dehydration und Hunger etc.

Diese emotionalen Signale beeinflussen das limbische System und den Hypothalamus: Hirnregionen, die sowohl für die Homöostase als auch für Entscheidungsfindungen zuständig sind.[11]

Bei Störungen im inneren Gleichgewicht priorisiert und sucht das Gehirn kurzfristige Belohnungen, was impulsive Entscheidungen begünstigt. Studien zeigen, dass eine gestörte Homöostase die kognitive Kontrolle schwächt, wodurch Menschen zu schnellen, automatisierten Reaktionen neigen – wie etwa Hamsterkäufe bei Klopapier während der Coronakrise.

Bleibt die erwartete Belohnung aus oder sind die negativen Reize zu stark, reagiert der Körper mit Rückzug, beispielsweise durch das Verlassen eines überfordernden Umfelds oder Geschäfts.

3.4 Emotion: Affekt, Gefühl & Stimmung

- **Die Emotionen: Was unterscheidet Affekt, Gefühl und Stimmung?**

Viele Entscheidungen werden innerhalb von Bruchteilen einer Sekunde gefällt, um die Vor- oder Nachteile von Leib und Leben zu bestimmen. Die bei der Wahrnehmung ausgelösten Emotionen – nämlich die *Affekte, Gefühle und Stimmungen* – spielen eine wichtige Rolle: Bei der Art und Weise der Bewertung und Wahrnehmung unserer Umwelt. Emotionen können Aufmerksamkeit lenken, Bewertungen beeinflussen und Reaktionen auf Reize modulieren. Bestimmte Situationen oder Muster lösen sogar angeborene oder intuitive Verhaltensmuster aus, sogenannte Affektprogramme.[12]

Einige visuelle Reize besitzen das Potenzial, als somatischer Marker ein Gefühl oder ein Verhalten auszulösen zu können, z. B. in Form von Ekel (Unsauberkeit) oder durch Furcht (dunkle, unübersichtliche Situationen oder Knall). Generell gelten *Affekte* als eher kurz anhaltende Zustände, die dann wieder verschwinden, wenn auch der Auslöser verschwunden ist. Ihnen wird zugeschrieben, dass sie weitgehend automatisch ablaufen und es auch schwierig ist, sie bewusst zu kontrollieren

---

11 Goldstein, E. B. (2015). *Perceptional psychology: Wahrnehmungspsychologie*. Dept. of Psychology, University of Pittsburgh. Deutsche Ausgabe: Springer Verlag.
12 Pfister, H.-R., Kuehne, D., & Auer, T. (2017). *Die Psychologie der Entscheidung*. Springer.

3.4 · Emotion: Affekt, Gefühl & Stimmung

oder sie anzuhalten. Dadurch sind *Affekte* in der Lage, das menschliche Erleben zu dominieren und sich auch auf andere mentale Funktionen auszuwirken. Wissenschaftler sprechen dabei von einer *valenced reaction* also das „Erleben der Bewertung einer Situation im Hinblick auf ihre Bedeutung für die eigene Person".[13] Es geht also um eine Bewertung, ob Situationen für uns angenehm oder unangenehm, als gefährlich oder förderlich, oder als positiv oder negativ gelten. Ohne einer emotionalen Bewertung eine Erfahrung würden wir diese als gleichgültig und somit als wertlos betrachten.[14]

- **Funktion der Emotionen**

Die Frage nach der Funktion von Emotionen berücksichtigt die Erkenntnis, dass *Emotionen* oder *Stimmungen* nicht als störend oder schädlich für einen rationalen Entscheidungsprozess angesehen werden sollten. Tatsächlich sind Emotionen in ihren verschiedenen Ausprägungen für die meisten Entscheidungen von essenzieller Bedeutung. Lange Zeit wurden Emotionen als Hindernis oder eine Art der reduzierten Selbstregulation betrachtet, das rationale Entscheidungen beeinträchtigt. Mittlerweile wird jedoch weitgehend anerkannt, dass Emotionen einen wesentlichen Aspekt zu fast jeder Entscheidung darstellen und rationale Entscheidungen sogar ohne emotionale Prozesse nicht möglich sind. Die Herausforderung besteht darin, genau zu analysieren, unter welchen Bedingungen Emotionen eine entscheidungsrelevante Funktion haben und welche Rolle sie im Handelsumfeld spielen.

- **Affekt, Gefühl und Stimmung**

Das sind drei verschiedene Formen emotionaler Zustände, die sich in ihrer Intensität, Dauer und Auslöser unterscheiden. Sie spielen eine wichtige Rolle in der Art und Weise, wie wir auf unsere Umwelt reagieren und unterbewusst Entscheidungen treffen.[15]

Vor allem im Handel spricht man viel von „Emotionalisierung". Es lohnt sich also, den Unterschied zwischen *Emotion bzw. Affekt, Gefühl und Stimmung* zu kennen.

- **Affekt**

Ein *Affekt* ist eine kurze, intensive emotionale Reaktion auf einen unmittelbaren Reiz oder ein Ereignis. Er tritt impulsiv und meist unbewusst auf. Affekte sind oft extrem stark, können jedoch schnell wieder abklingen. Ein klassisches Beispiel für einen *Affekt* ist der plötzliche Schreck, wenn eine Türe lautstark zufällt, oder wir die Arme verschränken, weil ein kalter Glastisch unsere Hautoberfläche auskühlt. *Affekte* sind schwer zu kontrollieren, da sie oft reflexartig auftreten.

---

13 Ben-Ze'ev, A. (2008). Describing the emotions: A review of The cognitive structure of emotions by Ortony, Clore, & Collins. *Philosophical Psychology*, 3(3), 305–317. ▶ https://doi.org/10.1080/09515089008573006.
14 H.-R., Kuehne, D., & Auer, T. (2017). *Die Psychologie der Entscheidung*. Springer.
15 Pfister, H.-R., Kuehne, D., & Auer, T. (2017). *Die Psychologie der Entscheidung*. Springer.

> „Versuchen Sie mögliche aufkommende Affekte wie u. a. Wut, Panik, Angst, oder Ekel, zu entschlüsseln und zu beseitigen, z. B. Oberflächen, die sehr kalt oder heiß werden (Türgriff bei Frost eiskalt, oder bei direkter Sonneneinstrahlung sehr heiß), verdorbene Waren, Schmutz, Unsauberkeiten, dunkle Ecken, beschädigte Stellen mit Verletzungsrisiko (z. B. abgesplitterte Tischkanten oder Furniere), etc."

- **Gefühl**

Gefühle sind bewusste emotionale Zustände, die durch eine bestimmte Qualität geprägt sind, wie Freude, Trauer, Angst oder Liebe. Sie sind länger anhaltend als Affekte, jedoch meist auf bestimmte Auslöser oder persönliche Überzeugungen zurückzuführen. Im Gegensatz zum Affekt ist ein *Gefühl* meist klarer erkennbar und lässt sich oft reflektieren oder ausdrücken.

> „Wiederkehrende Muster, Rituale oder Menschen können ein Gefühl der Freude durch das Wiedersehen auslösen. Nutzen Sie also Werbemedien mit bekannten Gesichtern oder bekannten Marken. Auch Farben, Materialien, angenehme Oberflächen (Handschmeichler) lösen positive Gefühle aus."

- **Stimmung**

Eine *Stimmung* ist ein eher diffuser und langanhaltender emotionaler Zustand, der über Stunden, Tage oder sogar Wochen anhalten kann. Stimmungen haben oft keinen klaren Auslöser, können aber durch verschiedene Faktoren wie Wetter, Schlafmangel oder stressige Situationen beeinflusst werden. Im Gegensatz zu Affekten oder Gefühlen sind *Stimmungen* weniger intensiv, beeinflussen aber kontinuierlich die Wahrnehmung und Reaktion auf die Umwelt. Ein Beispiel wäre eine melancholische *Stimmung* durch Regenwetter, die dazu führt, dass man alltägliche Situationen eher negativ bewertet.

> „Den größten Einfluss auf unsere Stimmung hat die Musik: Eine Studie zeigte, dass langsame Hintergrundmusik die Verkaufszahlen um bis zu 38 % steigern kann.[16] Langsame und melodiöse Musik erhöht die Verweildauer und den Umsatz, während schnellere Rhythmen zu kürzeren Aufenthalten führen können."

3.5 Biochemische Prozesse & Hormone

Bei der Verarbeitung von Stimuli und Sinnesreizen während des Wahrnehmungsprozesses werden nicht nur sensorische, neuronale bzw. kognitive und emotionale Prozesse, sondern auch biochemische Vorgänge im Körper angeregt.[17]

---

16 Milliman, R. E. (1982). Using background music to affect the behavior of supermarket shoppers. *Journal of Marketing, 46*(3), 86–91. ▶ https://doi.org/10.2307/1251706.
17 Goldstein, E. B. (2015). *Wahrnehmungspsychologie: Der Grundkurs* (9. Aufl., Kap. 2, S. 20–42). Springer Verlag.

3.5 · Biochemische Prozesse & Hormone

- **Neurotransmitter und Hormone**

Neurotransmitter und Hormone sind wichtige biochemische Botenstoffe, die eine entscheidende Rolle bei der Signalübertragung zwischen den Neuronen und der Integration der Informationen in den entsprechenden Hirnregionen spielen und an der Modulation und Regulation von Wahrnehmungsprozessen und dem verbundenen Auslösen von Empfindungs- und Verhaltensvorgängen beteiligt sind. Die Wahrnehmung ist ein ohnehin komplexer Vorgang, der visuelle, auditive, olfaktorische und taktile Reize verarbeitet.

Grundlegend können nach folgenden biochemischen Modulatoren, vor allem im visuell geprägtem Wahrnehmungsprozess und im Kontext von Raum, Atmosphäre und Gestaltung eine Rolle spielen:[18]

- **Dopamin**

Ein Neurotransmitter, der an der Belohnungsverarbeitung und der Regulation der Aufmerksamkeit beteiligt ist.[19] Es wurde gezeigt, dass *Dopamin* die Wahrnehmung von Belohnungsreizen verstärken kann.

» „Freisetzung durch positive soziale Interaktionen, Belohnungen oder das Erleben neuer, interessanter Reize: Umgebungen, die Spaß, Spannung, Überraschungen und Vitalität bieten, können die Dopaminfreisetzung anregen und damit die Wahrnehmung von Belohnungen verstärken."

- **Serotonin**

Es beeinflusst unter anderem die Stimmung, das Schlafverhalten und die Regulation von Angst.[20] Es wurde festgestellt, dass *Serotonin* auch die Wahrnehmung von emotionalen Reizen modulieren kann.

» „Serotonin wird durch helles und vor allem brillantes Licht, körperliche Aktivität und soziale Kontakte erhöht: Gemütliche, ruhige, gut beleuchtete Räume oder Blick auf Natur und Pflanzen können das Wohlbefinden steigern und zur Stabilisierung des Serotoninspiegels beitragen."

- **Noradrenalin**

Ein Neurotransmitter, der die Aufmerksamkeit, das Gedächtnis und die Erregbarkeit des Gehirns beeinflusst.[21] *Noradrenalin* kann die Wahrnehmung von Aufmerksamkeitsreizen verstärken und trägt somit zur Regulation der Wahrnehmungsschwelle bei.

---

18 Thompson, R. (2016). *Das Gehirn: Von der Nervenzelle zur Verhaltenssteuerung* (3. Aufl.). Springer Verlag.
19 Parianen, F. (2020). *Hormongesteuert ist immerhin selbstgesteuert*. Rowohlt Verlag.
20 Kandel, E. R. (2009). The biology of memory: A Forty-Year Perspective – PMC. *American Scientist, 29*(41): 12748–56. ▶ https://doi.org/10.1523/JNEUROSCI.3958-09.2009.
21 Kandel, E. R., Schwartz, J. H., & Jessell, T. M. (2014). *Principles of neural science* (5th ed.). McGraw-Hill.

» „Dieses Hormon wird durch aufregende oder herausfordernde Situationen aktiviert, z. B. durch sportliche Betätigung oder aufregende Umgebungen. Stimulierende Reize wie aktive Musik, intensive Farben, Screens und Animationen können die Freisetzung von Noradrenalin fördern und somit die Aufmerksamkeit und Wachsamkeit erhöhen. Das wäre für Handelsflächen zu empfehlen, die vorwiegend junge oder sportbegeisterte Menschen ansprechen wollen."

- **Acetylcholin**

Ebenso ein Neurotransmitter, der eine wichtige Rolle bei der kognitiven Funktion, dem Lernen und der Gedächtnisbildung spielt.[22] *Acetylcholin* kann die Wahrnehmung von sensorischen Reizen verbessern.

» „Z. B. in beratungsintensiven Situationen: Reize wie frische Luft, angenehme Gerüche, bequeme Möblierung oder auch interaktive Lernsettings können die Acetylcholin Produktion steigern und damit die kognitive Leistungsfähigkeit und Verkaufswirksamkeit unterstützen."

- **Cortisol**

Cortisol ist ein Hormon, das als Teil der Stressreaktion freigesetzt wird.[23] Es ist unter anderem bei der Wahrnehmung von emotionalen und stressbezogenen Reizen beteiligt.

» „Cortisol wird vor allem in Stresssituationen freigesetzt, die durch belastende soziale Interaktionen oder unkontrollierbare Umgebungen ausgelöst werden können: Klare Kennzeichnungen, Beschilderungen, sichtbare Mitarbeiter und Kasse, sowie harmonische und multisensorische Räume können helfen, die Autonomie und den Cortisolspiegel – und somit den Stress zu regulieren."

- **Östrogen**

Gilt als Hormon, das eine wichtige Rolle bei der Regulation der Stimmung, des Gedächtnisses und der kognitiven Funktionen spielt.[24] Man konnte feststellen, dass *Östrogen* die Wahrnehmung von emotionalen Reizen beeinflussen kann.

» „Es wird durch gesunde zwischenmenschliche Beziehungen und „gefühlte" Sicherheit gefördert. Räume, die Geborgenheit und Intimität vermitteln, wie heimelige Wohnräume oder vertraute Muster und Medien, können die Östrogenproduktion steigern und damit das emotionale Wohlbefinden verbessern."

---

22 Kandel, E. R., Schwartz, J. H., & Jessell, T. M. (2014). *Principles of neural science* (5th ed.). McGraw-Hill.
23 Parianen, F. (2020). *Hormongesteuert ist immerhin selbstgesteuert*. Rowohlt Verlag.
24 Parianen, F. (2020). *Hormongesteuert ist immerhin selbstgesteuert*. Rowohlt Verlag.

- **Oxytocin**

ein Hormon und Neurotransmitter, das im Gehirn und in anderen Geweben unter anderem auch bei taktiler Berührung produziert wird.[25] Es spielt eine wichtige Rolle bei der Regulierung sozialer Interaktionen, Bindung und Empathie. *Oxytocin* wird oft als „Kuschelhormon" oder „Liebeshormon" bezeichnet, da es mit positiven sozialen Gefühlen in Verbindung gebracht wird.

» „Oxytocin wird durch Berührung, Umarmungen und positive soziale Interaktionen freigesetzt. Dekorationen, Kissen, Stoffe, Handschmeichler oder der Handschlag zur Begrüßung steigern die Oxytocin Produktion und unterstützen das Gefühl von Vertrauen und Verbundenheit."

- **Testosteron**

Testosteron ist ein Hormon, das eine zentrale Rolle bei der Regulierung von Energie, Stimmung und Sexualverhalten spielt.[26] Und zur Entscheidungsfindung beitragen kann. Auch Frauen haben *Testosteron*, jedoch in wesentlich geringeren Konzentrationen als bei Männern.

» „Nutzen Sie den „*Red Carpet Effekt*": Ein roter Teppich (z. B. im Eingangsbereich kann das Erleben von Selbstbewusstsein, Anerkennung, Erfolg, Wertschätzung, Stärke und Aufmerksamkeit vermitteln und somit die Testosteronproduktion fördern und zu einem leichteren Entscheidungsverhalten, auch bei eher unsicheren Menschen, beitragen."

3.6 Einkaufserleben: Ästhetische Prozesse im Handel

» „Die strategische Gestaltung von Wahrnehmung & Aufmerksamkeit ist ein wesentlicher zukünftiger Erfolgsfaktor im Handel" (Stefan Suchanek)

Es geht bei Kunden nicht mehr ums Produkt oder den besten Preis: Die Einkaufserfahrung zählt. Hier ein paar Theorien, die in Zukunft sicher eine entscheidende Rolle spielen:

- **Die ästhetische Erfahrung wirkt als Belohnung**

Im *Modell der ästhetischen Erfahrung* beschreibt der österreichische Psychologe *Christian Allesch* Faktoren, die im Kontext der Gestaltung stehen und bei Prozessen der Wahrnehmung und Verarbeitung von Gestaltung beteiligt sind.[27] Die Theorie nimmt an, dass, wenn ein Verarbeitungsvorgang mit einem Wohlgefühl

---

25 Parianen, F. (2020). *Hormongesteuert ist immerhin selbstgesteuert*. Rowohlt Verlag.
26 Carney, D. R., Cuddy, A. J. C., & Yap, A. J. (2010). Power posing: Brief nonverbal displays affect neuroendocrine levels and risk tolerance. *Psychological Science, 21*(10), 1363–1368. ▶ https://doi.org/10.1177/0956797610383437.
27 Allesch, C. G. (2006). *Einführung in die psychologische Ästhetik*. WUV Verlag.

und Gefühl der Zufriedenheit begleitet wird, dieser für das Gehirn als Belohnung empfunden wird. Das *ästhetische Erleben* wird als kognitiver Prozess beschrieben, der von sich stets verändernden Emotionen begleitet wird, welche kontinuierlich wahrgenommen und objektiv, aber auch subjektiv bewertet werden. Dabei wird der visuell wahrgenommene Reiz auf seine Bedeutung und Funktion, aber auch auf seine emotionale Zusatzinformationen (z. B. Unsicherheit bei Dunkelheit) abgeglichen. Dies zeigt auf, dass demnach Emotionen und Kognition in Wechselwirkung stehen.

- **Angenehme Prozesse erzeugen Freude**

So machen sie aus normalen Kunden begeisterte Fans: In der Theorie nach Helmut Leder und Marcos Nadal werden fünf Stufen *(Perceptual Analysis/Implicit Memory Integration/Explicit Classification/Cognitive Mastering/Evaluation)* beschrieben, die an entsprechend unterschiedliche Prozesse während der Wahrnehmung gekoppelt sind.[28] Eine positive Stimulierung führt dann zu einer positiven Anpassung des affektiven Zustandes. Werden diese fünf Stufen erfolgreich verarbeitet, wird eine selbstverstärkende Wirkung angenommen, welche die ästhetische Evaluation des Objektes beeinflussen kann.

Daraus entsteht auch die Vermutung, dass Menschen eine intrinsisch motivierte Freude entwickeln, wenn sie durch Gestaltung, Kunst, Architektur, Atmosphäre oder einfach nur durch ein reizvolles Umfeld dazu animiert werden, sich dann mit ebendiesem intensiver auseinanderzusetzen. So wird auch die These aufgestellt, dass ein Rezipient beim Verarbeiten von visuellen Reizen den dazugehörigen Verarbeitungsprozess unterbewusst bewertet: Und denjenigen Vorgang bevorzugt, bei dem ein bedeutsameres oder belohnendes Empfinden wahrgenommen wird.[29]

> „Nach der Umgestaltung oder Optimierung von Geschäften bedanken sich die Betreiber oft bei mir, und berichten, dass Kunden im Flow in den Store kommen – ohne etwas zu brauchen – sondern nur, weil sie sich angezogen gefühlt haben. Natürlich schauen sie sich um. Und kaufen."

Ein Kunde als „Laie" betrachtet das Umfeld – also die Architektur, Ladenbau und Design – zum Zeitpunkt der Nutzung ohnehin anders als der „Experte", also Unternehmer, Investoren, Architekten und Gestalter.[30] So verfügen Experten über gestaltungsspezifische kognitive Anforderungen, die Aspekte wie den Stil, die Effizienz und Wirtschaftlichkeit berücksichtigen. Im Gegensatz dazu entwickeln Kunden und Mitarbeiter eher Bedürfnisse und Ansprüche, die auf Erfahrungen, Emotionen und Bekanntem basieren. Da Kunden beim Shoppen jedoch mit Stress, Unsicherheit, Grundbedürfnisse etc. konfrontiert sind, tendieren sie dazu, sich eher

---

28 Leder, H., & Nadal, M. (2014). Ten years of a model of aesthetic appreciation and aesthetic judgments: The aesthetic episode – Developments and challenges in empirical aesthetics. *British Journal of Psychology, 105*, 443–464. ▶ https://doi.org/10.1111/bjp.12048.
29 Allesch, C. G. (2006). *Einführung in die psychologische Ästhetik*. WUV Verlag.
30 Locker, P. J. (2003). An empirical investigation of the visual rightness theory of picture perception (S. 147–164). *Acta Psychologica, 114*.

3.6 · Einkaufserleben: Ästhetische Prozesse im Handel

auf die Ausstrahlung, das Wohlgefühl oder den ersten Eindruck eines Geschäftes zu stützen. Die Betreiber, Unternehmer und ihre Gestalter hingegen neigen dazu, sich auf die reine Ökonomie zu konzentrieren.[31]

Als besondere Herausforderung zeigt sich moderne Gestaltung in der Architektur: Hier werden meines Erachtens oft die angenehmen Gestaltungsmerkmale so weit abstrahiert, dass es für Laien oder Menschen ohne architektonisches Mehrwissen schwerfällt, die Funktionen eines Raumes oder Gebäudes in einem angemessenen Rahmen zu entschlüsseln.[32]

So ist bei modernen, minimalistisch und gleichförmig gestalteten Gebäuden mit technischen Glas- und Rasterfassaden z. B. der Eingang oft schwer zu entdecken. Solche Gebäude sind im Stadtbild aber immer häufiger anzufinden – werden aber vermehrt von der Bevölkerung als abweisend, kalt und unnahbar empfunden.[33]

Die folgende Checkliste der körperlichen Prozesse, die das Wohlempfinden beeinflussen und Wirksamkeit erzielen, sind gleichzeitig die Modulatoren, die im folgenden Kapitel nun näher beschrieben werden.
- Reduktion der Stressoren
- Die Befriedigung von Grundbedürfnissen
- Flowzustand und Glücksempfinden
- Das hohe Gefühl des Staunens
- Die Atmosphäre

---

31 Cupchik, G. C. (1992). *From perception to production:* A multilevel analysis of the aesthetic process. In: G. C. Cupchik & J. Laszlo (Hrsg.), *Emerging visions of the aesthetic process: Psychology, semiology, and philosophy*, S. 61–81. New York: Cambridge University Press.
32 Leder, H., & Nadal, M. (2014). Ten years of a model of aesthetic appreciation and aesthetic judgments. The aesthetic episode – Developments and challenges in empirical aesthetics. *British Journal of Psychology, 105.*
33 Boller, G. (2019). *Wo ist denn hier bitte sehr der Eingang?* Neue Zürcher Zeitung. ▶ https://www.nzz.ch/feuilleton/architektur-ohne-eingang-verspiegelte-trutzburgen-in-der-city-ld.1457094 (abgerufen am 01.10.24).

Die Modulation von Empfinden und Verhalten – Die Wechselwirkung zwischen Raum und Mensch

Inhaltsverzeichnis

4.1 Angst der Kunden vor falschen Entscheidungen – 46

4.2 Kohärenz: Raum, Mensch & Entscheidung – 47

4.3 Die Modulatoren – 48
4.3.1 Stress & Stressoren – 49
4.3.2 Was der Mensch braucht: Grundbedürfnisse – 53
4.3.3 Der „Flow": Ein Glückszustand – 57
4.3.4 Staunen: Ein Hochgefühl – 60

4.4 Raumkunst: Die Atmosphäre – 62
4.4.1 Die Raumkunst – die Kraft der Atmosphäre – 63

4.5 Zusammenfassung & Checkliste wichtiger kognitiver Prozesse – 64

© Der/die Autor(en), exklusiv lizenziert an Springer-Verlag GmbH, DE, ein Teil von Springer Nature 2025
S. Suchanek, *Wirksamer Handeln*, https://doi.org/10.1007/978-3-662-70553-7_4

> „First we shape our buildings, Then they shape us." (Winston Churchill)

Menschen stehen in einer steten Wechselwirkung mit ihrer Umwelt bzw. räumlichen Umgebung. Das wird in der Psychologie als „dynamisch interaktionistisches Paradigma" beschrieben. Ein großer Begriff, aber ein plausibler Sinn: Es macht deutlich, dass Menschen, durch die stets aktive Informationsverarbeitung, in einer ständigen -, sowohl bewussten, aber auch unterbewussten - Interaktion zu ihrer Umwelt stehen.[1]

Die Theorie scheint simpel, da diese Wechselwirkung für unseren Körper zu spüren ist, aber irgendwie auch komplex, da uns oft die Worte nicht ausreichen, um Gefühle richtig und nachvollziehbar in Worte zu fassen. Man spricht hier von der sogenannten *Alexithymie*.

Alexithymie

In der Psychologie wird der Effekt, wenn eine Sache oder ein Prozess schwer in Worte zu fassen oder schwer zu verbalisieren ist, oft als *Alexithymie* bezeichnet (griech.: „ohne Worte für Gefühle"). Alexithymie spiegelt die Grenzen unserer Fähigkeit wider, komplexe innere Zustände oder abstrakte Prozesse in Worte zu fassen, z. B. wenn uns Situationen des Staunens, der Ergriffenheit oder des Verliebtseins „sprachlos" machen.

In den folgenden Kapiteln widmen wir uns einigen dieser „weichen" Faktoren, die ich aus meiner jahrelangen Erfahrung als sehr wirksam entschlüsseln konnte:

Die Reduzierung von Stressoren, den Ausgleich unserer Bedürfnisse, das Erzeugen von einem angenehmen Flow-Zustand bis hin zum Staunen, also eines der höchsten Gefühle, das sogar dem „Verliebt-Sein" sehr nahekommt.

4.1 Angst der Kunden vor falschen Entscheidungen

> „Ich bin so unentschlossen, weiß nun gar nicht, was ich nehmen soll …"

Auch diese Worte kennt jeder Händler nur zu gut. Und zu häufig.

Wie kommt es zum plötzlichen Rückzug des kaufwilligen Kunden, obwohl alles passt: Die wenigsten kennen aber die *„Decidophobie"*, die Unsicherheit, eine Auswahl treffen zu müssen. Was steckt dahinter?

Neben der verbreiteten Angst vor Spinnen, Schlangen oder eine Rede halten zu müssen, haben Menschen noch eine weitere fundamentale Angst: Nämlich die

---

1 Neyer, F. J., Asendorpf, J.B. (2018). *Psychologie der Persönlichkeit*. Springer-Verlag.
2 Hüther, G. (1997). *Biologie der Angst*. Vandenhoeck & Ruprecht.

Angst, eine *falsche Entscheidung* zu treffen.[2] Das wird als auch als „Decidophobie" bezeichnet und beschreibt die damit verbundene Sorge, nicht die richtige Wahl getroffen zu haben – was zu erheblichen Stress führen kann, da man mögliche negativen Konsequenzen befürchtet.

Wir spüren das immer wieder, wenn wir vor Entscheidungen stehen und dann plötzlich dazu tendieren, zu zögern oder gar keine Entscheidung zu treffen. Das nennt sich in der Konsumpsychologie *„Entscheidungsparalyse"* und ist fatal für den Handel. Der Kunde verspürt Unsicherheit und kommt nicht zum Abschluss, trotz seiner Kaufabsicht. Oft können wir bzw. Kunden es nicht verbalisieren. Es ist ein Gefühl. Und Gefühle entstehen nicht nur im Geist, sondern vor allem im Körper …

Um ein effizientes und intuitiv wirkendes Entscheidungsverhalten zu aktivieren, ist es wichtig, wenn bestimmte äußere und innere Bedingungen erfüllt sind. Vor allem die menschlichen Grundbedürfnisse schaffen die wichtigste Grundlage: Ein optimales körperliches und psychisches Wohlbefinden. Denn Menschen, deren physiologische Grundbedürfnisse erfüllt sind, können sich besser auf die anstehende Abwägung konzentrieren, verfügen über mehr kognitive Ressourcen und sind emotional stabiler, was zu fundierteren, klareren und selbstbestimmten Entscheidungen führt, die sehr effizient sind und auch letztendlich weniger Reklamationen mit sich bringen.

War man sich ursprünglich in der Ökonomie und Psychologie einig, dass Emotionen, Gefühle und Stimmungen unser Entscheidungsverhalten nur gering beeinflussen bzw. für den eigentlichen Entscheidungsprozess kaum eine Rolle spielen (sog. Homo Oeconomicus), so hat sich diese Sichtweise in den letzten 20 Jahren signifikant geändert. Man spricht auch von einer sogenannten „emotionalen Wende" in unserer Gesellschaft: Als Nutzen wird das bezeichnet, was Angst oder Unsicherheit mindert und uns Zufriedenheit, Freude oder Wohlgefühl beschert.[3]

» „Wie kann der Handel seinen Kunden - bei fehlendem Wohlgefühl, Ängsten und Unsicherheit - helfen?"

» „Durch Raum und Atmosphäre eine Kohärenz herstellen."

4.2 Kohärenz: Raum, Mensch & Entscheidung

Unser Organismus ist kein Gleichgewichtszustand, sondern ein eher labiles, dynamisch regulierendes – und damit stets aktives – Geschehen. Die sogenannte Homöostase: Der körperliche Gleichgewichtszustand, der durch verschiedene physiologische und biochemische Systeme sowie den somatischen Markern ge-

---

3 Pfister, H.-R., Kuehne, D., & Auer, T. (2017). *Die Psychologie der Entscheidung.* Springer. (pp. 300–303).

steuert und aufrechterhalten wird. Davon betroffen sind: Das zentrale Nervensystem, das Immunsystem, das Herz-Kreislauf-System und das Hormonsystem. Geht es uns gut und sind wir entspannt, dann befinden sich diese Systeme in *Kohärenz*.[4]

Im Alltag – und auch beim Einkauf oder Shoppen – haben wir immer geringere körperliche Anstrengungen. Eher geistige. Dennoch reagiert der Organismus z. B. mit einer Erhöhung der gefühlten Körpertemperatur, um bei eventuell bevorstehenden Handlungen, wie Flucht oder Verteidigung, vorgewärmt und sensibilisiert zu sein. Durch diese erzeugten Spannungszustände braucht unser Organismus zusätzlich Energie, um diese Differenz auszugleichen oder weitere Differenzen zu vermeiden. Der Körper empfindet Stress. Das hat Auswirkungen auf Motivation, Leistung und Entscheidungen.[5]

In einem eher inkohärenten, also unstimmigen Zustand benötigt unser Gehirn die Energie für das Wiederherstellen der Kohärenz, was dazu führt, dass es bei Kunden zu einem Vermeidungsverhalten, zu einer Entscheidungsparalyse oder sogar Kaufabbrüchen kommt. Unser Unterbewusstsein wird sich sogar diese Stresssituation merken: Auch beim nächsten Einkauf empfinden wir dann Unwohlsein.

Unser Kohärenzgefühl variiert stark je nach Situation, Erwartungen und Persönlichkeit. Schon kleine Reize wie unangenehme Eindrücke oder Erinnerungen können es stören. Wenn das Ladenlayout, die Dekoration oder Musik nicht den Erwartungen der Kunden entsprechen, entsteht Unstimmigkeit, die Stress verursacht und das Einkaufserlebnis beeinträchtigt. Daher ist es entscheidend, für kohärente und stimmige Gestaltung zu sorgen – sowohl physisch als auch kognitiv.

4.3 Die Modulatoren

Nun gilt es, Geschäftsräume so zu gestalten, dass die dabei eingesetzten Reize den Menschen und seine Gestimmtheit positiv beeinflussen, um eine selbstbestimmte und konsequente Entscheidung zu treffen. Es braucht Impulse für intuitive Entscheidungsprozesse und positive Assoziationen, die flüssig und mit hoher Überzeugungskraft getätigt werden und fast automatisch oder mühelos wirken. Dabei können folgende Modulatoren eine entscheidende Wirksamkeit zeigen:

- Reduktion der Stressoren
- Die Befriedigung von Grundbedürfnissen
- Flowzustand und Glücksempfinden
- Das hohe Gefühl des Staunens
- Die Atmosphäre

---

4 Hüther, G. (2021). *Lieblosigkeit macht krank: Was unsere Selbstheilungskräfte stärkt und wie wir endlich gesünder und glücklicher werden*. Herder.
5 Hüther, G. (2021). *Lieblosigkeit macht krank: Was unsere Selbstheilungskräfte stärkt und wie wir endlich gesünder und glücklicher werden*. Herder.

4.3.1 Stress & Stressoren

Stress beeinflusst maßgeblich unsere Emotionen, unser Wohlbefinden und die Entscheidungsfindung – und damit auch den Umsatz. Unter Stress wird die Arbeitsgedächtniskapazität verringert, komplexe Informationen werden schlechter verarbeitet, und Kunden greifen häufiger auf einfache Heuristiken zurück. Dies kann zu schlechter Laune, Unzufriedenheit bis hin zum Kaufabbruch führen.

Um die Aufenthaltsqualität und Entscheidungsfreude zu steigern, sollten stressauslösende Elemente im Laden frühzeitig erkannt und beseitigt werden. So werden kognitive, emotionale und physiologische Prozesse entlastet, was das Einkaufserlebnis positiv beeinflusst.

» „„Stress" ist nicht nur, was ihre Kunden von außen mitbringen, sondern auch das, was sie in Ihrem Geschäft erfahren."

Auswirkungen von Stress

- **Kognitive Reaktionen**

Stress reduziert die Arbeitsgedächtniskapazität, was zu einem Tunnelblick führt und die Fähigkeit zur Verarbeitung komplexer Informationen einschränkt. Dies verstärkt die Nutzung von Heuristiken, wie z. B. die Aussage „nochmal eine Nacht über die Entscheidung zu schlafen"

- **Emotionale Reaktionen**

Stress verstärkt emotionale Reaktionen, was zu unvorhergesehenem impulsivem Verhalten führen kann (Kaufabbruch oder Abwanderung zum Trotz) und ein möglicher Grund für schlechte Laune oder Vermeidungsverhalten bei Kunden und Mitarbeitern sein kann.

- **Physiologische Reaktionen**

Stress aktiviert physiologische Reaktionen wie die Ausschüttung von Kortisol, das die Funktion im präfrontalen Kortex beeinträchtigt, welcher maßgeblich für die Planung und Kontrolle von Handlungen verantwortlich ist.[6] Kortisol erhöht den Blutzuckerspiegel, verstärkt den Stoffwechsel (darum müssen viele Menschen unter Stress oft aufs Klo) und unterdrückt vorübergehend das Immunsystem. Unser Herz beginnt schneller zu schlagen, die Muskeln spannen sich an und unsere Atmung wird flacher – alles Teil der Vorbereitung auf die berühmte „Kampf-oder-Flucht"-Reaktion. Auch Adrenalin wird freigesetzt, was unseren Körper in eine Art Alarmbereitschaft oder zumindest Erregtheit oder Gereiztheit versetzt. Es erhöht die Herzfrequenz, erweitert die Bronchien und mobilisiert Energiereserven, um dem Körper eine schnelle Reaktion zu ermöglichen.

---

[6] Parianen, F. (2020). *Hormongesteuert ist immerhin selbstgesteuert.* Rowohlt Verlag.

> „Kurz: Stress verbraucht unnötige Energie."

Stressoren identifizieren, die Stress verursachen
Sensorische Stressoren
- **Überfüllung und Enge**

Wenn Verkaufsflächen überfüllt sind, kann dies das Gefühl von Enge und Klaustrophobie auslösen. Zu viele Menschen in einem begrenzten Raum erhöhen das Stressniveau erheblich.

- **Lärmpegel**

Laute Geräusche, sei es durch Musik, angeregte Kundengespräche oder ablenkende Hintergrundgeräusche (z. B. laute Schuhe auf harten Böden), können den Cortisolspiegel im Körper steigern und damit Stress verursachen. Eine schlecht abgestimmte akustische Umgebung verstärkt dieses Gefühl.

- **Unangenehme Gerüche**

Gerüche, die als unangenehm empfunden werden, wie Schweiß, miefige Luft oder starke Reinigungsmittel, können die Einkaufserfahrung stark beeinträchtigen.

- **Beleuchtung**

Zu grelle oder flackernde Beleuchtung kann die Augen ermüden und Kopfschmerzen verursachen. Dunkle Ecken wiederum können das Gefühl von Unsicherheit auslösen.

Psychologische Stressoren
- **Schlechte Orientierung**

Ein unübersichtliches Ladenlayout oder fehlende Beschilderung führen zu Orientierungsverlust und auch Verlust der Autonomie. Kunden müssen mehr kognitive Ressourcen aufwenden, um das Gesuchte zu finden, was schnell Frustration auslöst.

- **Mangel an Privatsphäre**

Wenn Kunden sich beobachtet oder bedrängt fühlen, etwa durch weitere Kunden, Verkäufer oder Überwachungskameras, löst dies Stress aus. Das Bedürfnis nach einem sicheren und diskreten Umfeld wird nicht erfüllt.

- **Entscheidungsüberlastung**

Eine zu große Auswahl an Produkten oder unklare Unterschiede zwischen verschiedenen Optionen können Kunden überfordern. Dies führt zu sogenanntem *Decision Fatigue*, die mentale Ermüdung durch zu viele Entscheidungen.

Organisatorische Stressoren

- **Lange Wartezeiten**

An der Kasse oder in der Warteschlange zu stehen, ist ein bekannter Stressfaktor. Insbesondere, wenn der Kunde in Eile ist, verstärken lange Wartezeiten das Gefühl von Zeitverschwendung.

- **Unfreundliches Personal**

Eine mangelnde Serviceorientierung oder unhöfliches Verhalten des Personals erhöht das Stressniveau. Kunden fühlen sich nicht wertgeschätzt oder unzureichend betreut.

- **Fehlende Produktverfügbarkeit**

Wenn Produkte nicht auf Lager sind oder es Unklarheiten über den Bestand gibt, führt das zu Frustration und Stress, insbesondere wenn das gewünschte Produkt dringend benötigt wird.

Technologische Stressoren

- **Technische Schwierigkeiten**

Selbstbedienungskassen, Zahlungsterminals oder Apps, die nicht richtig funktionieren oder kompliziert zu bedienen sind, erhöhen den Stresspegel. Insbesondere ältere Kunden oder Personen, die sich weniger mit Technik auskennen, sind davon betroffen.

- **Stressoren in 3 Schritten beseitigen**

Gehen Sie durch ihr Geschäft und betrachten Sie erst mal die Situation von der Meta-Ebene. Dazu dient das sogenannte *„Salutogenetische Modell"* von Aaron Antonovsky eine Orientierung:[7] Es bietet eine wertvolle Perspektive auf die Gesundheitsförderung und das Management von Stress. Im Mittelpunkt steht ebenso das Kohärenzgefühl, welches sich aus folgenden drei Komponenten zusammensetzen kann:

- **Verstehbarkeit (Comprehensibility)**

Das Kundengehirn bevorzugt in Ihrem Geschäft diejenigen Informationen, die geordnet, konsistent und strukturiert verarbeitet werden können. Beseitigen Sie Reize, die chaotisch, willkürlich, zufällig oder unerklärlich sind.

» „Kann man alle Reize und Prozesse, auch die „nebensächlichen", in Ihrem Geschäft klar identifizieren und verstehen?"

---

[7] Hengeveld, E. (2006). Konzept der Salutogenese – was hält Menschen gesund? *Physiopraxis*, 4(7), 10–12.

> „Kann das Ihre Handelsfläche? Nichts Schöneres, als seinen Kunden und Mitarbeitern das Gefühl zu geben, mit den Herausforderungen des Lebens (und des Einkaufs) spielend und mit Freude fertig zu werden."

- **Handhabbarkeit bzw. Bewältigbarkeit (Manageability)**

Der Mensch braucht das Gefühl, dass Schwierigkeiten lösbar sind. Dabei geht es nicht nur darum, über eigene Ressourcen und Kompetenzen zu verfügen, sondern auch um den Glauben daran, dass man selbst die Fähigkeiten hat, Schwierigkeiten zu überwinden. Dadurch wird das gute Gefühl der Selbstwirksamkeit positiv stimuliert.

> „Nutzen Sie sogenannte „Artefakte": z. B. ein Meisterzertifikat oder Urkunde im Messraum beim Optiker, das aufzeigt, dass der Kunde mit erheblichen Sehproblemen und den damit verbundenem Stress und Ängsten, sich in den richtigen Händen befindet. Klären Sie ab, welche Artefakte Ihre Branche bietet, um Kunden ein gutes Gefühl zu geben, dass Unsicherheiten und Bedürfnisse durch Ihre persönliche Leistung befriedigt und erfüllt werden können."

- **Sinnhaftigkeit (Meaningfulness)**

Menschen, die in Ihrem Geschäft kaufen und arbeiten, möchten spüren, dass diese Investition auch als sinnvoll und wertvoll empfunden wird. Dieser Aufwand soll es wert sein, dass man weiterhin Zeit und Energie in sie investiert, dass man sich für sie einsetzt und sie als willkomme Herausforderungen sieht, anstatt als stressige Last.

> „Nutzen Sie den Effekt, Menschen durch „das Tun" *Sinnhaftigkeit* zu vermitteln, so dass eine Kaufabsicht oder Investition nicht als Last, sondern es sinnhafte Bereicherung gesehen wird (z. B. Teststation für Wanderschuhe oder Anprobe mit richtigem Licht und appetitlicher Umgebung)"

Ein Blick auf unseren Organismus lohnt sich also, inwieweit wir äußere Veränderungen beeinflussen können, die sich wiederum auf die innere Einstellung und sogar die Gesundheit von Kunden und Mitarbeitern auswirken. Da Reize und Erfahrungen nicht völlig willkürlich, widersprüchlich und unvorhersehbar auftreten, können Sie entschlüsselt, moduliert und gestaltet werden.

> „Holen Sie sich einen unabhängigen Experten, der frei von Betriebsblindheit und Befangenheit den Blick und das Empfinden Ihrer Kunden spiegelt und sämtliche Wege und Kommunikationspunkte (Touch-Points) **vor** und **in** Ihrem Ladengeschäft mit Herz und Verstand auf **jegliche Stressoren** überprüft. Diese zu beseitigen ist bereits oft mit wenig finanziellem Aufwand verbunden und höchst effizient."

4.3.2 Was der Mensch braucht: Grundbedürfnisse

Der Mensch:
Entweder hungrig, müde, gelangweilt oder mit Blick aufs Smartphone.

» „Alle Menschen sind verschieden, doch Ihre Bedürfnisse sind alle gleich." (Viktor E. Frankl)

Der berühmte Psychologe und Verhaltensforscher *Abraham Maslow* stellte mit seiner *Bedürfnispyramide* eine hierarchische Struktur der menschlichen Bedürfnisse dar. ◘ Abb. 4.1 erklärt, warum Menschen bestimmte Verhaltensweisen zeigen, um ihre Bedürfnisse zu befriedigen – auch in Ihrem Geschäft.

Die Pyramide beginnt mit grundlegenden Bedürfnissen an der Basis, wie Nahrung oder Sicherheit, und baut auf höheren Bedürfnissen auf, wie Selbstverwirklichung, die erst dann ins Spiel kommen, wenn die Basisbedürfnisse erfüllt sind. Diese Theorie, 1943 erstmals veröffentlicht, gilt als eines der bekanntesten und am häufigsten zitierten Modelle der Psychologie.[8]

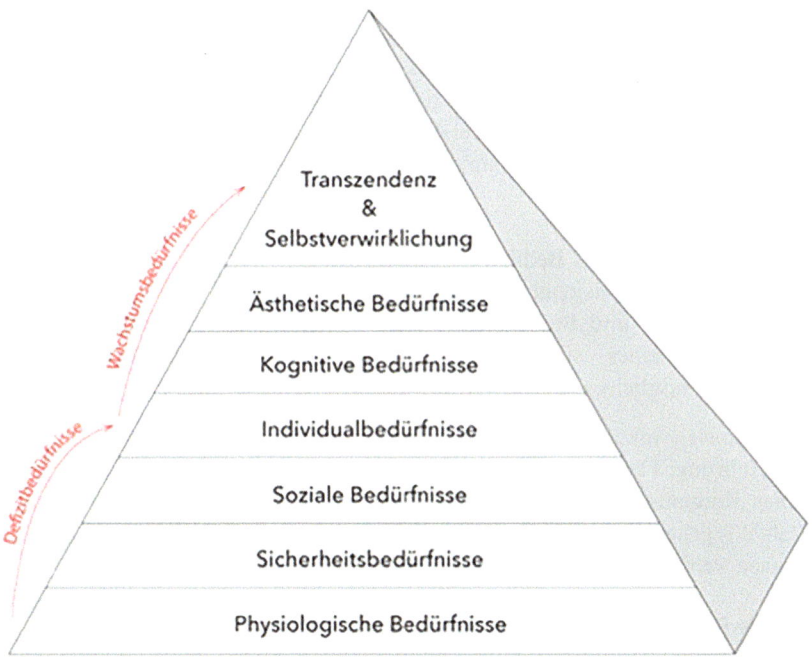

◘ Abb. 4.1   7-stufige Grundbedürfnispyramide nach Maslow. (Eigene Darstellung in Anlehnung an Maslow)

---

8   Maslow, A.H. (1981). Motivation und Persönlichkeit. Reinbeck bei Hamburg, Rowohlt. Englische Erstausgabe: Maslow, A.H. (1954), *Motivation and personality.* Harper & Row.

Wichtig zu verstehen ist, dass die Bedürfnispyramide keine starre Struktur ist: Menschen verfolgen zwar meist höhere Bedürfnisse erst, wenn grundlegende gestillt sind, aber die Reihenfolge kann individuell variieren. Faktoren wie Kultur, finanzielle Situation oder Erwartungen beeinflussen, wie stark und in welcher Reihenfolge Bedürfnisse wahrgenommen werden. Nicht jedes Bedürfnis muss zu 100 % erfüllt sein, bevor das nächste entsteht, und der empfundene Sättigungsgrad hängt stark von individuellen Erwartungen ab.

Die sieben grundlegenden Ebenen der erweiterten Bedürfnispyramide

- **Physiologische Bedürfnisse**

Diese Bedürfnisse gelten als Basis für den Erhalt und Betrieb des menschlichen Lebens. Dazu gehören Atmung, Wasser, Nahrung, Schlaf, Luft sowie unsere Fortpflanzung und Arterhaltung.

» „Die Potentiale sind: Frische Zuluft (ohne negative Gerüche), Bereitstellung von Getränken und Snacks, Angebote für kurzes Regenerieren (z. B. Lounge oder Sitzplatz) sowie sinnliche Erfahrungen, die z. B. auch über angenehme Haptik (Handschmeichler) oder auch ästhetisch ansprechende Werbebilder oder charismatische Kommunikation funktionieren kann."

» „Simpel und wirksam: Bieten Sie etwas zu trinken oder kleine Snacks oder Kekse an. Das spricht unsere Grundbedürfnisse an (hier: Nahrung und Arterhaltung) und kann bei Stress oder Energiemangel den Blutzuckerspiegel wieder ins Gleichgewicht bringen. Und der Kunde bekommt wieder mehr Vitalität für einen Einkauf."

- **Sicherheitsbedürfnisse**

Dies bezieht sich auf das Bedürfnis nach körperlicher, aber auch mentaler Sicherheit, materielle Grundsicherung, Kontrollvermögen und Autonomie, Stabilität, Schutz vor Gefahr und Bedrohung.[9] Die einhergehende Motivation umfasst das Streben nach einer sicheren Umgebung, Ruhe (Reduktion Stressoren), Orientierungsmöglichkeit, Transparenz (auch finanzielle) und Plausibilität.

» „Hier spielen vor allem die Unternehmensphilosophie, das Raumprogramm mit Wegeführung, Farbe, Licht, Texturen, aber auch der Ton in der zwischenmenschlichen Kommunikation eine große Rolle. Vor allem die Faktoren Sicherheit und Stabilität gelten als motivierende Kraft. Beschützend wirkende Personen oder Situationen werden bevorzugt."

- **Soziale Bedürfnisse**

Das sogenannte Anschlussmotiv beschreibt Bedürfnisse nach sozialen Beziehungen, Zugehörigkeit, Gemeinschaft, Liebe und Akzeptanz durch andere Menschen.[10]

---

9 Gifford, R. (2014). *Environmental psychology: Principles and practice* (4th ed.). Optimal Books.
10 Jonas, K., Stroebe, W., & Hewstone, M. (2023). *Sozialpsychologie* (7. Aufl.). Springer Verlag.

4.3 · Die Modulatoren

> „Sollten also ihre Kunden gerne mit Ihnen ein Schwätzchen halten, dann sehen Sie das nicht als Zeitverschwendung, sondern als ihre Fähigkeit, Zuneigung und Geborgenheit zur vermitteln (was übrigens ja euch einen guten Verkäufer ausmacht ;-). Vor allem in heutigen, immer unsozialer werdenden Zeiten sehnen sich Menschen, Kunden und Mitarbeiter nicht nur nach der Erfüllung ihrer Einkaufsbedürfnisse, sondern sehen den Handel als Raum der Begegnung und des zwischenmenschlichen Austausches."

- **Individualbedürfnisse**

Bestehend aus zwei Unterbereichen:
a) Bedürfnis nach Unabhängigkeit, Freiheit sowie geistiger und körperlicher Vitalität (siehe den „Milliarden-Markt" bei Damen: Beauty und Lifestyle. Bei Herren: PS und Sport)
b) Bedürfnis nach Wertschätzung, Anerkennung, Prestige, Aufmerksamkeit: Also von anderen Menschen gesehen, geachtet und beneidet zu werden.

Diese beiden Bedürfnisse werden von Massenmedien stark genutzt. Facebook, Instagram, TikTok und Co. nutzen und befeuern genau diese psychologisch hoch wirksamen Faktoren. Vor allem „Aufmerksamkeit" und „Neid" gewinnen immer mehr an Bedeutung und werden bereits als das „Kapital der Zukunft" prognostiziert.[11]

> „Geben Sie Menschen stets ein gutes Gefühl, z. B. durch brillantes Licht, das die menschliche Haut vitaler wirken lässt (vor Spiegel oder Umkleide) oder eine Instagram – tauglihe „Wall of Fame" für Kunden Selfies."

> „Viele Menschen bevorzugen bestimmte soziale Rollen, um den Platz in sozialen Gruppen zu erkennen: So werden Menschen im weißen Kittel als Arzt oder Apotheker und damit auch als Kompetenz – und Vertrauensperson gesehen. Ein einheitlicher Auftritt anhand stilvoller und passender Kleidung kann also ein *Kompetenzvorteil* sein."[12]

- **Kognitive Bedürfnisse**

Diese Stufe bezieht sich auf das Bedürfnis nach Wissen, Verstehen und Neugier.[13] Es umfasst der Wunsch, zu lernen und neues Wissen zu erlangen, aber auch, die Welt und die Zusammenhänge um sich herum zu verstehen.

> „Hier steckt auch das Potential, dem Mensch als Neugierwesen die Chance zu neuem Wissen oder Entdeckungen zu geben. Letzteres zeigt sich vor allem auf in Markthallen oder Flohmärkten, wo Menschen gerne im Entdeckermodus den Raum und die Zeit vergessen. Haben Sie bereits einen Marktplatz oder Entdeckertisch?"

---

11 Spieß, E. (2013). *Konsumentenpsychologie* (S. 59). Oldenbourg Wissenschaftsverlag.
12 Jonas, K., Stroebe, W., & Hewstone, M. (2023). *Sozialpsychologie* (7. Aufl.). Springer Verlag.
13 Lorenz, K. (1973). *Die Rückseite des Spiegels. Versuch einer Naturgeschichte menschlichen Erkennens.* Piper Verlag.

- **Ästhetische Bedürfnisse**

Diese Stufe betrifft das Bedürfnis nach Schönheit, Harmonie und ästhetischer Erfahrung. Es umfasst das Streben oder die Anziehungskraft von Schönheit, ästhetisch ansprechenden Umgebungen, Tempeln, Kirchen oder Kunstwerken. Sowie das Bedürfnis nach Hygiene, Harmonie, Symmetrie und Ausgeglichenheit in der Umgebung.[14] Schöne Werbegesichter (von Testimonials bis hin zu attraktiven Mitarbeitern) aber auch Kunstgegenstände können diese Aura erzeugen.

Ästhetische Bedürfnisse treiben Menschen an, sich mit Kunst und Kultur zu beschäftigen, ihre Umgebung zu gestalten und Schönheit in verschiedenen Formen zu schätzen. Die Faktoren verstärken nonverbal ihre Aura und Atmosphäre und wirken wie ein Magnet. Seit jeher gilt: Für den ersten Eindruck gibt es keine zweite Chance.

» „Das einfachste Mittel ist, ein Ladengeschäft immer sauber und rein zu halten. Selbst ein unabsichtlich verlorenes und benutztes Taschentuch vor Ihrer Türe kann bereits eine Basisemotion, nämlich Ekel, hervorrufen und Vermeidungsverhalten auslösen. Besonders ästhetisch: Farbgestaltungen z. B. alles Ton in Ton, harmonisierende Dekokonzepte oder ColorBlocking."

- **Selbstverwirklichung und Transzendenz**

Dies ist die höchste Stufe der Bedürfnispyramide und bezieht sich auf das Bedürfnis nach persönlichem Wachstum, Entfaltung des eigenen Potenzials und dem Wunsch nach persönlicher Zufriedenheit und Erfüllung. Das Verhalten, das mit dieser Stufe einhergeht, umfasst das Streben nach Kreativität, persönlicher Entwicklung und dem Finden einer Sinnhaftigkeit. Und nach dem angenehmen Flow-Gefühl.

» „Vermeiden Sie zu fragen: „Möchten sie etwas trinken/kosten/probieren": Sie geben dadurch den Kunden die Auswahl zwischen Ja (A) oder Nein (0). In den meisten Fällen entscheidet er sich für Nein, also 0. Das heißt, das „Anbahnungsgespräch" ist beendet. Die Energie und der Aufwand verpufft."

» „Besser wäre: „Möchten Sie einen heißen italienischen Espresso (A) oder ein kühles und erfrischendes Wasser (B)"."

» „Oder: „Möchten Sie mal das Rote (A) oder Blaue (B) probieren"... Dann wählt der Kunde zwischen A und B und nicht zwischen Ja und Nein."

» „Der Effekt: Es entsteht das Gefühl der „**Reziprozität**"... unser Unterbewusstsein möchte etwas zurückgeben. Idealerweise einen guten Einkauf."[15]

---

14 Bitner, M. J. (1992). Servicescapes: The Impact of Physical Surroundings on Customers and Employees. *Journal of Marketing, 56*(2), 57–71. ▶ https://doi.org/10.1177/002224299205600205.

15 Thaler, R. H., & Sunstein, C. R. (2008). *Nudge: Improving Decisions About Health, Wealth, and Happiness.* Yale University Press.

Die *Transzendenz* beschreibt den Zustand, wenn wir etwas „übersinnliches, oder göttliches" erfahren und Menschen das Gefühl bekommen, Teil von etwas Größerem zu sein.[16] Oft erleben wir das, wenn wir einen neuen persönlichen Entwicklungszustand erleben, nach einer Prüfung oder einem rituellen Fest wie Taufe, Hochzeit oder Konfirmation, aber auch im normalen Lebensrhythmus, bei einer Gipfelbesteigung, oder nach einem Musikkonzert. Dieses Gefühl wirkt sehr vitalisierend. Es entspricht auch dem Staunen (s. ▶ Abschn. 4.3.4).

» „In Geschäftsräumen kann dieser Zustand ebenso erzeugt werden (vielleicht eher etwas abgeschwächter, aber immerhin) z. B. wenn die Erwartungshaltung übertroffen wird oder Kunden durch Storytelling, Events oder besondere Inszenierungen (emotionale Dekorationen, stimmungsvolle Live-Musik, beeindruckende Modenschau etc.) zum Staunen gebracht werden."

4.3.3 Der „Flow": Ein Glückszustand

» „Glücksgefühle sind nicht nur ein Geschenk, sie geben uns das Gefühl, dass wir unser Bestes tun" (Mihály Csikszentmihalyi)

Das Streben nach Lust, ein zentraler Antrieb menschlichen Handelns, lässt sich in Freude und Genuss unterteilen. Während Freude als begehrter, jedoch flüchtiger Zustand gilt, erzeugt sinnlicher Genuss oft eben jene Freude und trägt zur Spannungsreduktion und zum inneren Gleichgewicht bei. Beide Zustände fördern positive Emotionen, die auch das Einkaufserlebnis verbessern können.

Ein besonders relevanter Zustand im Kontext von Zufriedenheit und Wohlbefinden ist der sogenannte „*Flow*". Der Begriff stammt aus der Glücksforschung und wurde vor allem durch den Wissenschaftler *Mihaly Csikszentmihalyi* geprägt.[17] *Flow* beschreibt, wie ◘ Abb. 4.2 zeigt, das vollständige Aufgehen in einer Tätigkeit, bei der das Zeitgefühl schwindet und der Mensch sich vollkommen auf eine Aufgabe konzentriert. Und dabei Wohlbehagen empfindet.

» „Das Aufenthaltserlebnis sollte spielerisch sein und so viel Spaß machen, dass es sogar ohne Ziel sein kann"

---

16 Stellar, J. E., Gordon, A. M., Piff, P. K., Cordaro, D., Anderson, C. L., Bai, Y., Maruskin, L. A., & Keltner, D. (2017). Self-transcendent emotions and their social functions: Compassion, gratitude, and awe bind us to others through prosociality. *Emotion Review, 9*(3), 200–207. ▶ https://doi.org/10.1177/1754073916684557.

17 Csikszentmihalyi, M. (1990). *Flow: The Psychology of Optimal Experience*. Harper & Row.

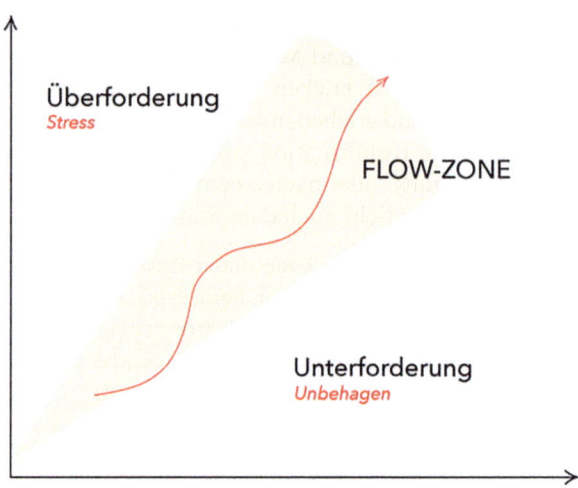

Abb. 4.2 Flow-Zustand nach Mihaly Csikszentmihalyi. (Eigene Darstellung in Anlehnung an Mihaly Csikszentmihalyi)

- **Wirkung auf Mitarbeiter**

Die sogenannte „*autotelische Erfahrung*", bei der die Tätigkeit selbst zur Belohnung wird, führt zu erhöhter Produktivität, Kreativität und einem Gefühl tiefer Erfüllung, was langfristig auch die psychische Gesundheit fördert. Menschen im *Flow* sind in der Lage, komplexe Aufgaben effizienter und mit höherer Qualität zu bewältigen.

- **Wirkung auf Kunden**

Flow-Erfahrungen bieten nicht nur geistige Entspannung, sondern auch eine Auszeit von alltäglichem Stress. Vor allem im Handel der Zukunft sehe ich es als wichtig, Unsicherheiten und Stress zu reduzieren um das Glücks- und Wohlempfinden zu steigern, was die Entscheidungsqualität der Kunden erhöht und das Einkaufserlebnis verbessert.

Kurz: Verkaufsprozesse, die unter Berücksichtigung der Flow-Phänomene gestaltet werden, schaffen glücklichere, entscheidungs- und ausgabefreudigere und vor allem selbstbestimmtere Kunden. Das hilft auch, um Reklamationen zu reduzieren.

> „Wenn Geschäftsräume so gestaltet werden, dass sie sowohl das körperliche Wohlbefinden fördern als auch geistiges Engagement ermöglichen, können Menschen nicht nur entspannter, sondern auch kreativer und effektiver agieren, was langfristig zu mehr Motivation, Bindung, Wohlgefühl und Bevorzugungen führt."

Die fünf Aspekte für einen Flow-Zustand
- **Klares Ziel**

Die Aktivität, in die man involviert ist, sollte ein klares Ziel haben, dass herausfordernd, aber erreichbar ist. Es gilt, der Aufmerksamkeit des Kunden Fokus zu schenken und einen klaren Sinn für die Zielerreichung zu schaffen. Die Person bekommt das Gefühl, genau zu wissen, was sie tut. Das schafft Sicherheit.

> „Bleiben Kunden im Eingang einfach kleben? Oder Besitzt Ihr Geschäft eine klare und intuitive Wegeführung? Gezielt eingesetzte Anker- und Fokuspunkte leiten Kunden unterbewusst tiefer ins Geschäft und erhöht nicht nur die Aufenthaltsdauer, sondern auch die Aufenthaltsqualität."

Durch gezieltes Lenken der Aufmerksamkeit ist der Geist auf die aktuelle Situation oder Herausforderung gerichtet, alle störenden Gedanken oder äußeren Ablenkungen treten in den Hintergrund, der Körper folgt unterbewusst: „Die Energie folgt der Aufmerksamkeit". Sie entdecken z. B. am Rummelplatz ein faszinierendes Fahrgeschäft. Kurze Zeit später stehen Sie garantiert davor. Solche Erfahrungen werden auch als qualitativ hochwertiger eingestuft.

- **Unmittelbares Feedback**

Jegliche Handlungen sollten sofortiges und klar erkennbares Feedback bieten, damit der Kunde weiß, ob er „Fortschritte" macht oder nicht. Es geht also um das notwendige Gefühl der Kontrolle über unsere Handlung.

> „Menschen brauchen Aufmerksamkeit: Wird der Kunde beim Betreten gesehen & kurz begrüßt und kann er bei Bedarf sofort mit Mitarbeitern kommunizieren?"

Ein unmittelbares Feedback ermöglicht eine Verbesserung von Wohlgefühl, Sicherheit und dem resultierendem positivem Annäherungsverhalten.

- **Gefühl von Kontrolle**

Während des Flows empfinden Menschen ein starkes Gefühl von Kontrolle über ihre Handlungen. Sie fühlen sich dadurch kompetent und effektiv und sind in der Lage, Herausforderungen zu bewältigen, ohne sich überfordert zu fühlen.

> „Ist die Eingangstüre **mit einem einzigen** Versuch zu öffnen? (oder braucht es „Drücken" oder „Ziehen" -Aufkleber)."

Das Gefühl von Kontrolle unterstützt das Bedürfnis nach Autonomie und Sicherheit und resultiert ebenso in ein positives Annäherungsverhalten.

- **Verschmelzung von Handlung und Bewusstsein**

Im Flow verschmelzen, Handlung und Bewusstsein miteinander. Die Person ist vollständig in die Aktivität vertieft und erlebt eine harmonische Einheit von Denken, Fühlen und Handeln.

> „„„Handel ist Begegnung von Menschen"... Schaffen Sie also Raum für Begegnung. Auch wenn Sie kein Café sind, bieten Sie dennoch Erfrischungen oder einen Barbereich an oder eine Manufaktur zum Zusehen. Durch die rituellen Handlungen, Erfüllungen der Grundbedürfnisse und verbindende Gespräche werden Raum, Zeit und Preis schneller zu Nebensache."

- **Verlust des Zeitgefühls**

Während des Flow- Gefühls verlieren Menschen das Bewusstsein für die Zeit vergessen, oft sogar ihre eigene Identität.[18] Sie sind vollständig im gegenwärtigen Moment versunken und erleben ein intensives Gefühl der Gegenwart. Das kann zu intrinsisch motivierten Handlungen führen: Die Entscheidung wird um ihrer selbst willen ausgeführt, nicht wegen externer Belohnungen.

> „Studien zeigen: Atmosphärische Räume begeistern Menschen. Wie wertvoll ist die Zeit in Räumen, die uns begeistern: Schöne Urlaubsdomizile, Oper, Theater, Konzerte, Circus. Lernen und übernehmen Sie daraus, um dieses Gefühl in Geschäftsräume zu implementieren."

4.3.4 Staunen: Ein Hochgefühl

Was haben diese Erlebnisse gemeinsam: Die Magie eines Sonnenuntergangs, der Blick vom Grand Canyon, Beethovens Symphonie Nr. 9, das Lächeln der Mona Lisa, der Auftritt von Coldplay oder Rammstein?

> „Richtig: Wir staunen!"

Es gibt sogar eine Wissenschaft, die sich mit dem *Staunen* befasst – „*The Science of Awe*". Dabei geht es um das besondere Gefühl, das durch Erlebnisse von außergewöhnlicher Größe, Schönheit oder Komplexität ausgelöst wird. Es kann – ähnlich wie das Gefühl der bedingungslosen Liebe – tiefgreifende psychologische und physiologische Effekte haben: Wir sind ergriffen.

Das Phänomen ist so alt wie die Menschheit. Dazu gehören antike Bauwerke (Cheops-Pyramide), imposante Kirchen (Sagrada Familia), Schlösser (Neuschwanstein), imposante Architekturen (Taj Mahal oder Burj Khalifa), spirituelle Rituale (Weihnachtsbaum) usw.

Die Erforschung hat – auf Grund ihrer hohen Wirksamkeit – in den letzten zwei Jahrzehnten zunehmend an Bedeutung gewonnen.

Dabei handelt es sich um das Erleben von etwas Großartigem oder Erhabenem ausgelöst wird, sei es die Natur, Kunst, Musik oder tiefgreifende Ideen. Die Augen und der Mund stehen offen selbst die Pupillen weiten sich. Manchen bekommen Gänsehaut. Es ergreift uns ein Gefühl, das oft mit Ehrfurcht, Überraschung und sogar einem gewissen Maß an Respekt und Hochachtung verbunden ist.

---

18 Csikszentmihalyi, M. (1990). *Flow: The Psychology of Optimal Experience*. Harper & Row.

4.3 · Die Modulatoren

Solche *somatischen Reize* werden vom Gehirn priorisiert verarbeitet, was sie in ablenkungsreichen Orten wie Einkaufszentren besonders effektiv macht. Erhöhen Sie Ihre Sichtbarkeit, Anziehungskraft und Wirksamkeit. Und hinterlassen einen bleibenden Eindruck.[19]

Die Erfahrung von „*Awe*" kann sogar das eigene Selbstbild relativieren und ein Gefühl der Verbundenheit mit etwas Größerem hervorrufen: Vielleicht kennen Sie sogar einen Menschen, der auf dem Gipfel eines Berges beim Staunen diese wesensverändernde Eingebung hatte, seinen erfolgreichen Job in München zu kündigen, um lieber Yogalehrer auf Bali zu sein.

» „Jeder der **auf** den Eiffelturm, oder **vom** Großglockner blickt, kennt dieses besondere, erdverbundene und gleichzeitig spirituelle Gefühl."

Wahrnehmungseffekte beim Staunen

- **Zeitempfinden**

Man beobachtet das Gefühl, die Zeit dehne sich aus, was zu einem intensiveren Erleben des Moments führt.

- **Aufmerksamkeit**

Staunen bewirkt eine höhere Bereitschaft, neue Informationen aufzunehmen und bestehende Überzeugungen zu hinterfragen.

- **Offenheit und Kooperation**

Staunen kann prosoziales Verhalten fördern, einschließlich größerer Hilfsbereitschaft und Kommunikation. Im Prozess des Staunens fühlen Menschen sich weniger auf sich selbst fokussiert. Sie öffnen sich mehr Ihrer Umwelt. Ideal um im Handel neue Produkte zu präsentieren, ein Beratungsgespräch zu führen oder sogar einen Kaufabschluss zu finalisieren.

- **Wohlgefühl**

Das Staunen ist oft mit einer gesteigerten Aktivität des parasympathischen Nervensystems verbunden, was zu Entspannung und Wohlbefinden führen kann.

» „Um heutzutage und in Zukunft Menschen zu faszinieren, gilt es, sie zum Staunen zu bringen. Das muss kein Riesenrad und keine Zirkusarena sein, oft reicht ein großes Objekt oder eine Überraschung. Oder diese wirksamen Effekte":

---

19 Keltner, D. J., & Haidt, J. (2003). Approaching awe, a moral, spiritual and aestetic emotion. *Cognition and Emotion, 17*(2), ▶ https://doi.org/10.1080/02699930302297.

- **Salienz**

Saliente Reize wie z. B. überdimensionale Objekte, Kurioses oder „Aha-Effekte", die sofort ins Auge fallen.

- **„Peak- Shift"-Effekt**

z. B. Säulen, raumhohe Spiegel, überhöhte oder betonte Portaleingänge verstärken diesen besonderen psychologischen Effekt. Auch das *„Color Blocking"* lenkt zusätzlich die Aufmerksamkeit (s. Kap. Farbe).

- **Mystik**

Kontrastreiches Licht und tendenzielle Dunkelheit mit einem Hauch von „Mystik" können die Wahrnehmung positiv beeinflussen, indem sie Neugier, Spannung und Begehrlichkeit erzeugen.

4.4 Raumkunst: Die Atmosphäre

> „Musik drückt das aus, was nicht gesagt werden kann und worüber zu schweigen unmöglich ist." (Victor Hugo)

Was die Musik für das Ohr, ist die atmosphärische Gestaltung für das Auge: Beides wirkt in unserer Seele.

Atmosphäre wird als der intuitiv wahrgenommene Gesamteindruck eines Raumes verstanden, der durch eine Kombination von physischen, visuellen, akustischen und sensorischen Elementen entsteht.[20] Dieser Gesamteindruck ist deshalb oft schwer in Worte zu fassen, da er durch eine emotionale Feinstofflichkeit gekennzeichnet und nicht mathematisch berechenbar ist. Aber dennoch für ein *„Arousal"* sorgt: Also eine innere positive Erregtheit oder Vorfreude, die wir geistig und körperlich spüren. Gerne nennen wir es: Magie.

Letztendlich beschreibt der Begriff „Atmosphäre" eine besonders harmonisierend und vitalisierend wirkende Komposition, die von Architektur, Raumproportionen, Farbgebung, Textur, Lichtquellen und akustische Gestaltung erzeugt wird. Aber auch der Aura der dort befindlichen Menschen. Die Kleidung, die Stimme, der Ton und der Inhalt. Diese atmosphärischen Faktoren wirken sowohl bewusst als auch unbewusst auf das Wohlbefinden, die Stimmung und das Verhalten der Menschen ein. Sie beeinflussen dabei nicht nur die subjektive Wahrnehmung und Emotionen, sondern auch konkrete Verhaltensweisen.

---

20 Heimann, K., & Schütz, A. (2017). *Wie Design wirkt* (S. 207 ff.). Rheinwerk Design.

4.4.1 Die Raumkunst – die Kraft der Atmosphäre[21]

- **Atmosphäre ist Nutzererleben.**
Atmosphäre sollte eine essenzielle Dimension architektonischen Entwerfens sein, da sie emotionale und sensorische Erlebnis der Nutzer maßgeblich beeinflusst.

- **Materialität und Sinneserfahrung**
Materialien, die sowohl visuell als auch taktil ansprechend sind, schaffen eine tiefere Verbindung zwischen Mensch und Raum.

- **Licht und Schatten**
Der gezielte Einsatz von Licht ist ein wesentliches Element, um Atmosphäre zu schaffen: Die gekonnte Abstimmung von Tageslicht, künstliches Licht und Schatten – um Spannungen und Stimmungen zu erzeugen, die das Erlebnis der Räume intensivieren.

- **Kontextbezug**
Dabei gilt, das Unternehmen, die Marke und die Zielgruppe mit den spezifischen Gegebenheiten des Standorts in die Gestaltungsstrategie zu integrieren, um eine harmonisierende Beziehung zwischen Raum und Mensch herzustellen.

- **Erfahrungsräume**
Markenräume müssen nun Erlebnisse schaffen, die über die bloße Funktionalität hinausgehen: Es geht darum, Menschen emotional zu berühren und ihnen ein Gefühl von Geborgenheit, Verbundenheit und Werte zu vermitteln.[22]

» „Seien Sie auch in Ihrer Freizeit aufmerksam und neugierig – und lassen Sie sich inspirieren von Orten oder Erlebnissen, die Sie affizieren und „anzünden": Sei es auf einem Markt in Marrakesch, einem beruhigenden Wellness-Hotel, in einer Kirche, in den Bergen oder in einem inspirierenden Restaurant oder Museum."[23]

---

21 Zumthor, P. (2006). *Atmosphere*. Birkhäuser.
22 Bitner, M. J. (1992). Servicescapes: The Impact of Physical Surroundings on Customers and Employees. *Journal of Marketing, 56*(2), 57–71. ▶ https://doi.org/10.1177/002224299205600205.
23 Richter, P. G. (2022). *Architekturpsychologie: Eine Einführung* (6. Aufl., S. 298). Pabst Science Publishers.

> **Arousal**
>
> Der Begriff „*Arousal*" bezeichnet in der Psychologie den kognitiven Zustand der Erregung oder Wachsamkeit:[24] Wenn es dem Händler gelingt, den Geist des Kunden „anzuzünden": Eine erhöhte Aktivierung des zentralen Nervensystems, die seine Aufmerksamkeit, seine Reaktionsfähigkeit, seine Gestimmtheit und Motivation aber auch sein emotionales Empfinden steigert. Arousal kann durch verschiedene Reize ausgelöst werden, wie beispielsweise intensive Farben, laute Geräusche oder spannende Situationen. Einige Schlüsselmerkmale sind:
>
> - Physiologische Erregung: Dies kann eine erhöhte Herzfrequenz, schnellere Atmung und erweiterte Pupillen umfassen.
> - Kognitive Wachsamkeit: Das Gehirn ist in einem Zustand erhöhter Aufmerksamkeit, was die Fähigkeit zur Informationsverarbeitung und Reaktionsgeschwindigkeit verbessert.
> - Emotionale Intensität: *Arousal* ist oft mit starken emotionalen Reaktionen verbunden, sei es Freude, Aufregung oder auch Stress und Angst. Letztere gilt es zu vermeiden.

4.5 Zusammenfassung & Checkliste wichtiger kognitiver Prozesse

- **Universelle Verständlichkeit**

Spricht die Gestaltung Ihres Geschäftes eine universelle Sprache, die von allen Menschen, unabhängig von ihrer Sprache oder ihrem kulturellen Hintergrund verstanden wird? Bevorzugen Sie Bilder statt Texte: Sie sagen oft mehr als tausend Worte und kann somit eine effektive Möglichkeit sein, komplexe Konzepte oder Handlungsanweisungen zu vermitteln.

- **Schnelle Erfassung**

Können Informationen schnell zu erfasst und verarbeitet werden. Dies ist besonders nützlich in Situationen, in denen Zeit eine Rolle spielt oder die Aufmerksamkeitsspanne begrenzt ist (Außenkommunikation, Schaufenster, Kassenbereich)

- **Speicherung im Gedächtnis**

Nutzen Sie Effekte, um die Chance zu erhöhen, im Gedächtnis zu bleiben, indem sie visuell ansprechend sind und eine starke Verbindung zu Emotionen und Assoziationen erzeugen. Menschen neigen dazu, sich besser an Bilder oder Geschichten zu erinnern als an Texte und genaue Preise.

- **Symbolhaftigkeit**

Symbole, Zeichen und Grafiken ermöglichen es, Informationen auf kleinem Raum zu komprimieren und zu veranschaulichen, was besonders wichtig ist, wenn be-

---

24 Spektrum.de. (n.d.). Arousal. *Spektrum.de*. Abgerufen am 1. Oktober 2024, von ▶ https://www.spektrum.de/lexikon/psychologie/arousal/1384.

grenzter Platz für die Kommunikation vorhanden ist, wie z. B. in grafischen Benutzeroberflächen, Orientierungsbeschilderung oder Symbole auf Verpackungen oder im Regal.

- **Leichte Kommunikation**

Was hilft es, wenn ein Geschäft eine Information oder Werbebotschaft zwar technisch korrekt vermittelt, diese aber verstellt oder verdeckt ist. Prüfen Sie stets mit dem Kundenblick eine barrierefreie Kommunikationsform (innen und außen) um die Wahrnehmungs- und Entscheidungsprozesse für den Kunden zugänglicher zu machen.

- **Klarheit/*Processing Fluency***

Klare architektonische Kommunikation kann Menschenmengen besser führen (z. B. Sicherheit durch klare Kommunikation und Orientierung: Beschilderung, leichte und flüssige Les- und Bedienbarkeit von Raum und Architektur)

- **Kontrast**

Hoher Kontrast zwischen Objekten und dem Hintergrund erleichtert die Erkennung. Deutliche Unterschiede in Helligkeit, Farbe oder Form helfen dabei, Objekte schnell wahrzunehmen.

- **Größe**

Größere Objekte werden in der Regel schneller erkannt, da sie mehr visuellen Raum einnehmen und auffälliger sind.

- **Bewegung**

Bewegung zieht unsere Aufmerksamkeit an. Sich bewegende Objekte werden eher wahrgenommen als statische.

- **Salienz**

Auffällige Merkmale, ungewöhnliche Farben, Formen, Licht oder Bewegungen heben sich von der Umgebung ab und werden darum bevorzugt wahrgenommen

- **Gesichter und Augen**

Menschen sind besonders sensibel für Gesichter und Augen. Wir nehmen diese Merkmale oft schneller und leichter wahr als andere Objekte.

- **Wiederholungen**

Wenn Sie bestimmte Produkte oder Leistungen effizienter verkaufen wollen, präsentieren Sie diese wiederholt:[25] Je öfter Menschen etwas sehen oder erleben, desto angenehmer erscheint es ihnen. Wird als *Mere Exposure Effekt* bezeichnet.

---

25 Zajonc, R. B. (1968). Attitudinal effects of mere exposure. *Journal of Personality and Social Psychology, 9*(2), 1–27. ▶ https://doi.org/10.1037/h0025848.

Wirksamkeit erzielen in Raum und Gestaltung: Die Hardware

Inhaltsverzeichnis

5.1 Unternehmensidentität – 70

5.2 Außenauftritt & Fassade – 75

5.3 Schaufenster – 81

5.4 Eingangsbereiche – 87

5.5 Raumprogramm – 92

5.6 Produktpräsentation & Möblierung – 98

5.7 Oberfläche & Texturen – 104

5.8 Farbe – 108

5.9 Licht & Beleuchtung – 115

5.10 Emotionalisierung – 119
5.10.1 Tipps Storytelling – 121
5.10.2 Tipps Multisensorik – 122

© Der/die Autor(en), exklusiv lizenziert an Springer-Verlag GmbH, DE, ein Teil von Springer Nature 2025
S. Suchanek, *Wirksamer Handeln*, https://doi.org/10.1007/978-3-662-70553-7_5

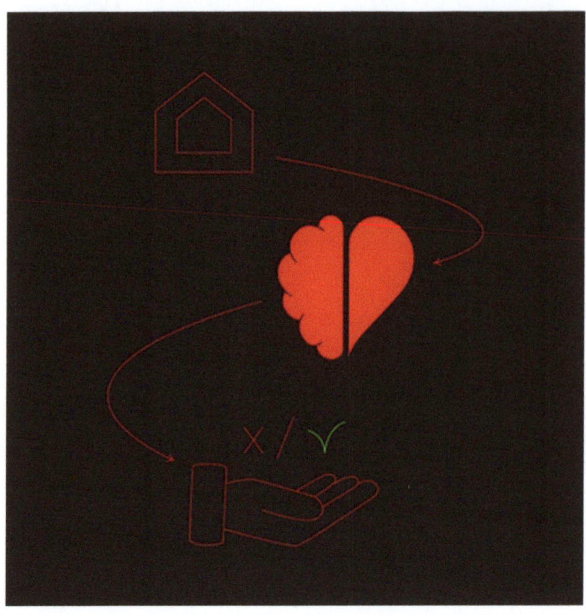

> „Atmosphäre schafft Anziehung und Umsatz Ästhetische & psychologische Diagnostik für mehr Geschäftsattraktivität – und das ohne Umbau"

Kurzer Storecheck
In München gibt es einen kleinen Backshop der einfach nur Zimtschnecken anbietet. Und Zimtschnecken gibt es in nahezu jeder Bäckerei ums Eck, dazu auch noch wesentlich günstigere. Doch die Leute stehen Schlange. Trotz Alltagshektik nehmen sie sich die Zeit. Viele bezeichnen es als „Auszeit" … Warum ist das so?

Produkt
Kuration – also eine besondere Auswahl
  Die Auswahl ist klar und übersichtlich, die Darbietung erinnert an eine Disney – Zuckerbäckerei, das Betrachten und Einkaufen bereitet einfach Freude

Wahrnehmung
Multisensorisch – mit allen Sinnen

Es sieht aus wie in einer Puppenstube, die Farben und Formen wirken besonders, aber auch harmonisch aufeinander abgestimmt. Es riecht unfassbar gut, man beginnt mit anderen Wartenden ein Gespräch: Eine Inspiration für die Sinne, wie bei Alice im Wunderland.

Atmosphäre
Es macht Spaß, zu kucken, zu entdecken und das Gesehene zu teilen – man kommt ins Gespräch
    Was wirkt, ist die Gestaltung, die Atmosphäre, das Soziale und das damit verbundene Erlebnis. Was mir noch auffällt: Trotz der Wartezeit wirken alle Kunden gut gelaunt. Und kommen gerne wieder.

Mit der bewussten Gestaltung Ihres Geschäfts beziehen Sie unterbewusste Prozesse Ihrer Kunden ein:

Zeit
- Wie empfinden die Kunden die Zeit in Ihrem Geschäft?
- Was macht Ihr Geschäft besonders … um wertvolle Zeit, als Kunde und Mitarbeiter, zu investieren?

Geld
- Steht das vom Kunden investierte Geld in Kontext mit der Erwartungshaltung?
- Was investieren Sie in Wertschätzung, Stressfreiheit und dem Wohlgefühl, das dem Kunden entgegengebracht wird? Fühlen sich Kunden als Gast, oder nur als Geldbringer?

Aufmerksamkeit
- Welche Aufmerksamkeit erzielt Ihr Geschäft?
- Welche Aufmerksamkeit erhält der Kunde und Mitarbeiter?
- Was affiziert den Menschen und macht Ihr Geschäft wirksam?

- **Ohne Umbau ein Geschäft zu optimieren ist machbar**

Es folgen nun zehn übersichtliche Kapitel: Mit jeweils einer Einführung, einer Checkliste und praktischen Tipps, die Sie Schritt für Schritt durchführen können. Egal wo Sie starten, Sie werden damit unmittelbare Wirksamkeit erzielen.

5.1 Unternehmensidentität

- **Marke, Mensch & Mitarbeiter: Potenzial der Zukunft**

> „Wer nicht lächeln kann, sollte kein Geschäft eröffnen." (Chinesisches Sprichwort)

Attraktivität
Lat. attrahere, „anziehen" oder „hinziehen"

In unserer formellen und scheinvaliden bzw. multimedialen Umgebung gilt die Aussage „für mich zählen die inneren Werte bei einem Menschen". Diese These wirkt immer sehr zuverlässig, aber hat sie ihre Gültigkeit? Jedem das Seine. Und jeder weiß und spürt, dass unser Unterbewusstsein andere Regeln verfolgt. Evolution steht über Kognition. Der Geist findet, aber die Chemie bindet. Viele Industriezweige haben unsere Lust und Präferenz am „Äußeren Eindruck" erkannt und verdienen sehr viel Geld an dieser Wahrheit.

Ja, Schönheit ist Oberfläche – aber diese hat ihre Intelligenz: Das Innere zeichnet sich immer nach Außen ab. Das Schöne steht somit für das Gute und das Wertige. Es entwickelt Anziehungskraft. Was können wir also wirksam nutzen, um attraktiv zu sein. Im Inneren & Äußeren? Um den Menschen zu affizieren, ihn anzuziehen. Denn nur mit Menschen gelingt es, wirtschaftlich erfolgreich zu sein.

5.1 · Unternehmensidentität

> Studien zeigen auf: Spendenaktionen mit attraktiven Menschen bringen mehr Geld ein,[1] hübschere Schüler werden besser benotet[2] und das Strafmaß für schöne Menschen fällt tendenziell geringer aus als bei anderen[3] – das beweist, dass die Wahrnehmung stark vom Äußeren eines Menschen beeinflusst wird: Ein evolutorisches Potenzial für Wirksamkeit.

Attraktivität basiert auf authentischer Ausstrahlung und Echtheit, da diese für das menschliche Gehirn vertrauenswürdig und sicher wirkt. Unser Organismus benötigt das Gefühl, sein Gegenüber einordnen und verstehen zu können, um eine Beziehung aufzubauen. In der heutigen – und zukünftigen Zeit – steht nicht mehr allein das Produkt im Vordergrund, sondern der Mensch. Und seine Bedürfnisse. Vom Service, über die Kundenansprache bis hin zur Atmosphäre. Die räumliche Struktur und die Motivationen von Kunden und Mitarbeitern sind daher entscheidend. Ein Geschäft wird nicht nur durch Raum und Design effizienter, sondern auch durch soziale Stärken und Talente, also auch Ihre Mitarbeiter.

» „Charmante Menschen & inspirierende Begegnungen sind die größte Energie im Handel"

- **Was Mitarbeiter wünschen**

Im Kontext des Fachkräftemangels ist es wichtig zu erkennen, dass Menschen heute nicht nur wegen des Geldes arbeiten. Eine Studie aus der Schweiz zeigt, dass Mitarbeiter in ihrer Arbeit gesehen werden wollen, aufblühen, einen Sinn erkennen und letztendlich glücklich sein möchten. Das Umfeld spielt eine wesentliche Rolle.

Auch um zu vermeiden, dass Mitarbeiter zu schnell hinter dem Handy verschwinden und dann Schwierigkeiten haben, sich wieder in die Realität einzufinden und auf Kundenbedürfnisse einzugehen.[4]

1　Chaiken, S. (1979). Communicator physical attractiveness and persuasion. *Journal of Personality and Social Psychology, 37*(8), 1387–1397. ▶ https://doi.org/10.1037/0022-3514.37.8.1387.
2　Clifford, M. M., & Walster, E. (1973). The effect of physical attractiveness on teacher expectations. *Sociology of Education, 46*(2), 248–258. ▶ https://doi.org/10.2307/2112099.
3　Downs, A. C., & Lyons, P. M. (1991). Natural observations of the links between attractiveness and initial legal judgments. *Personality and Social Psychology Bulletin, 17*(5), 541–547. ▶ https://doi.org/10.1177/0146167291175009.
4　PwC. (2014). *The keys to corporate responsibility employee engagement – Connection, consistency, and continual improvement.* Retrieved from ▶ https://www.pwc.com.

■ **Was Kunden wünschen**

Eine wertschätzende und ansprechende Atmosphäre – und eine positive Einstellung von Mitarbeitern. Um jedoch eine positive Resonanz bei Mitarbeitern zu bewirken, brauch es eine angenehme, attraktive und ergonomische Arbeitsumgebung. Sie ist einer der Hauptfaktoren für Zufriedenheit, Motivation, Identifikation und Leistung der Mitarbeiter.[5] Dazu zählen sowohl die physische Gestaltung des Verkaufsraums als auch das zwischenmenschliche Klima im Team.

> „Menschlichkeit ist das Kapital der Zukunft."

Checkliste
Unternehmensphilosophie
— Stehen Menschen, Wohlgefühl und Begegnungen im Mittelpunkt? Und ist das auch sichtbar und spürbar: z. B. Kaffeebar, einladende Lounge, Service- & Empfangstheke, roter Teppich, große Ganzkörperspiegel, Portalwirkung bei Eingang
— Nutzen Sie ästhetische und psychologische Konzepte für das Wohlbefinden der Kunden & Mitarbeiter? Und für die Effizienz des Verkaufs?

Raum und Gestaltung
— Kundenerwartung: Sprechen digitaler und stationärer Auftritt die gleiche Sprache?
— Kontext: Entspricht der Geschäftsauftritt auch der Wertigkeit der angebotenen Produkte und Leistungen?
— Was macht Ihr Geschäft visuell einzigartig? Gibt es einen Anker oder ein Bild, das einem einfällt, wenn man an Ihr Geschäft denkt? Zum Beispiel eine Skulptur, etwas Kurioses, etc.

Mitarbeiter und Bindung
— Kommunikationskultur: Gibt es Gesten der Wertschätzung und Anerkennung, um die Motivation und Zufriedenheit der Mitarbeiter zu fördern. Auch vor den Augen der Kunden?
— Weiterentwicklung: Stärken Schulungen und Entwicklungsmöglichkeiten die Kompetenzen der Mitarbeiter und erhöhen ihre Bindung an das Unternehmen.

---

5 Nguyen, M., Weiber, R. (2022). *Customer Experience. State of Art und Konzeptionierung.* Eigenverlag der Professur für Marketing, Innovation und E-Business an der Universität Trier.

Nachhaltigkeit
— Upcycling statt teurem Umbau: Nutzen sie ein kostengünstigeres Facelift als starkes Engagement für Nachhaltigkeit und soziale Verantwortung?
— Flexible Systeme statt fester Einbauten: Sind Möblierung und Gestaltung neutral, anpassungsfähig, einheitlich und mobil – um langfristig einsatzfähig zu bleiben?

- **Happy People**

Haben Sie schon darüber nachgedacht, einen Dekorationsbeauftragten oder „Feel Good Manager" in Ihrem Geschäft zu etablieren? Indem Sie die Aufgaben Ihrer Mitarbeiter im Bereich Unternehmensauftritt, Atmosphäre und Charisma erweitern und ihnen mehr Verantwortung und Entscheidungsspielraum geben, entlasten Sie sich selbst und fördern gleichzeitig die Eigenständigkeit und das kreative Potenzial Ihrer Mitarbeiter. Dies steigert nicht nur die Bedeutung ihrer täglichen Arbeit, sondern stärkt auch die Mitarbeiterbindung.

Beispiele hierfür sind ein Dekorationskurs und ein inspirierender Messebesuch für kreative Mitarbeiter, die anschließend eigenständig die Dekoration übernehmen, ein Rhetorikkurs für redegewandte Kollegen, die ihr Wissen an das Team weitergeben, oder die Teilnahme an Markenevents, die Ihre Mitarbeiter zu Markenbotschaftern machen.

- **Erwartungen übertreffen**

Je sorgfältiger wir uns auf die Bedürfnisse unserer Kunden vorbereiten, desto besser können wir ihre Erwartungen erfüllen. Es sind oft die kleinen Gesten, die den Unterschied machen: Menschlichkeit zu zeigen und erlebbar zu machen, ist in unserer heutigen Zeit bereits eine kleine Attraktion.

Ein einfaches Getränk, das nicht nur ansprechend angeboten, sondern auch serviert wird, kann den entscheidenden Unterschied bewirken. Der sogenannte „*Customer Delight*"-Effekt beschreibt genau diesen Moment der positiven Überraschung, der starke emotionale Bindung schafft und oft zu begeisterter Mund-zu-Mund-Propaganda führt. Studien zeigen, dass solche unerwarteten Extras, wie etwa eine stilvolle Verpackung, ein Espresso, eine Praline als Give-away oder ein kostenloses Upgrade, nicht nur die Kundenzufriedenheit erhöhen, sondern auch die Kundenloyalität signifikant stärken.[6]

---

6 Berman, B., & Evans, J. R. (2013). *Retail management: A strategic approach*. Pearson.

- **Resonanz**
Die Studie zur „*Servicescape*"-Theorie zeigt: Resonanz entsteht, wenn Menschen sich in einer Umgebung besonders wohlfühlen oder sich auf einer tieferen, oft unbewussten Ebene von ihr angesprochen fühlen, weil sie ihre Bedürfnisse, Wünsche oder Erwartungen erfüllt.[7] Es ist daher wichtig, alle Komponenten und Details Ihrer Umgebung daraufhin zu überprüfen, welche Resonanz sie bei Ihren Kunden auslösen. Beispielsweise mögen pflegeleichte Möbel mit harter Sitzfläche zwar funktional sein, doch bieten möglicherweise eher textile und wohnlich wirkende Stühle die gewünschte Aufenthalts- und Sitzqualität.[8]

- **Stolz**
Eine interessante Studie zeigt, dass bereits kleine Veränderungen, wie das Erhöhen von Schreibtischen um wenige Zentimeter, das Gefühl von Stolz und Wertschätzung bei den Mitarbeitern steigern können. Diese scheinbar unbedeutende Anpassung kann eine symbolische Wirkung haben, indem sie die Bedeutung des Arbeitsplatzes aufwertet. Ein Stehtisch, der leicht erhöht ist, könnte daher auch in Verkaufsgesprächen nützlich sein, um sowohl das Selbstwertgefühl der Mitarbeiter als auch das positive Kundenerlebnis zu fördern.[9]

- **Artefakte**
Artefakte wie Logos, Firmenkleidung, Bürodesign und Werbematerialien transportieren zentrale Werte und Normen einer Organisation und tragen zur Identität und zur Außenwahrnehmung des Unternehmens bei. Sie helfen Mitarbeitern, sich mit den Unternehmenszielen zu identifizieren, und beeinflussen das Vertrauen und Bevorzugung bei Kunden und Partnern. Zeigen Sie also Urkunden, Zertifikate und Awards. Nicht unbedingt gleich lehrerhaft im Schaufenster – aber auch nicht erst im WC. Dazwischen wäre gut.[10]

- **Betriebsblindheit lösen**
Betriebsblindheit ist eng mit dem „*Confirmation Bias*" oder Bestätigungsfehler verbunden, einem kognitiven Verzerrungseffekt, bei dem Informationen bevorzugt ausgewählt, interpretiert und erinnert werden, um bestehende Überzeugungen zu festigen. Dieser Bias führt dazu, dass widersprüchliche Informationen oft ignoriert oder abgewertet und unterstützende Informationen überbewertet werden. Ein ex-

---

7 Bitner, M. J. (1992). Servicescapes: The Impact of Physical Surroundings on Customers and Employees. *Journal of Marketing, 56*(2), 57–71. ▶ https://doi.org/10.1177/002224299205600205.
8 Bitner, M. J. (1992). Servicescapes: The Impact of Physical Surroundings on Customers and Employees. *Journal of Marketing, 56*(2), 57–71. ▶ https://doi.org/10.1177/002224299205600205.
9 Flade, A. (2008). *Architektur psychologisch betrachtet*. Huber Verlag, Bern.
10 Schein, E. H. (2010). *Organizational Culture and Leadership*. John Wiley & Sons Ltd.

terner Blick kann helfen, diese blinden Flecken zu erkennen und zu beheben. Nutzen Sie daher die Expertise von Fachleuten wie Verbänden, Akademien, Instituten und Beratern, um neue Perspektiven zu gewinnen und innovative Lösungsansätze zu entdecken.

> **Confirmation Bias**
>
> Der *Confirmation Bias* ist eine kognitive Verzerrung, bei der Menschen Informationen so auswählen und interpretieren, dass sie ihre bestehenden Überzeugungen bestätigen. Widersprüchliche Informationen werden oft ignoriert oder abgewertet, was zu verzerrten Urteilen führt und kritisches Denken beeinträchtigen kann.[11]

5.2 Außenauftritt & Fassade

- Der erste Eindruck ... zählt!

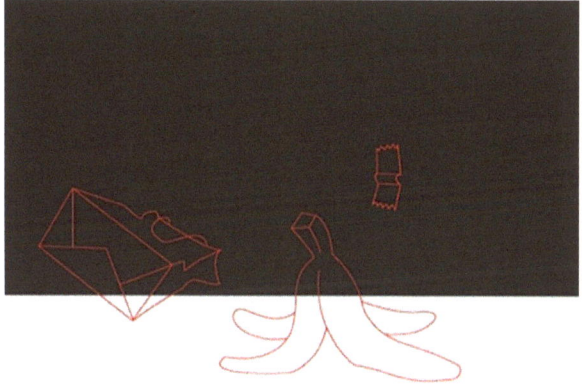

» „Nur wer ein Gesicht hat, den kann man auch erkennen" (Volksmund)

---

11 Nickerson, R. S. (1998). Confirmation Bias: A Ubiquitous Phenomenon in Many Guises. *Review of General Psychology, 2*(2), 175–220. ▶ https://doi.org/10.1037/1089-2680.2.2.175.

> **Vertrauen**
> *Vertrauen* stammt aus dem Althochdeutschen und beschreibt bereits seit dem Jahr 800 einen Gefühlszustand des „zuversichtlich seins". Vertrauen wir jemandem oder etwas, so glauben wir an dessen Zuverlässigkeit und fühlen uns sicher – und bauen auf die Art eine emotionale Bindung auf.[12] Vertrauen Ihnen Ihre Kunden, dann bedeutet das, sie verlassen sich auf Sie. Dabei gehen sie für sich das Risiko ein, Verantwortung an Sie abzugeben und Ihrer Einschätzung Glauben zu schenken. Das bedeutet auch, dass Sie Verantwortung übernehmen und dabei bewusst eine Expertenrolle einnehmen.

■ **Der erste Eindruck**

Häufig zitiert – und wichtiger denn je

Primacy-Effekt: Der erste Eindruck ist entscheidend und nachhaltig prägend. Eine wichtige Rolle spielt der Außenauftritt. Es ist der erste physische Begegnungs- und Orientierungspunkt für bestehende und potenzielle Kunden sowie für Nicht-Kunden, deren Vertrauen es zu gewinnen und deren Neugier es zu wecken gilt.

Nicht jeder steht per pedes vor Ihrem Geschäft. Wie ist es bei vorbeifahrenden Autos oder Bussen? Auch bei verkürzter Aufmerksamkeit sollte ihr Geschäft dennoch die wichtigsten Signale und Informationen bei Kunden oder Passanten verankern, damit das Unterbewusstsein das Geschäft wahrnimmt und bevorzugt. In Sekundenbruchteilen werden in unserem Unterbewusstsein diejenigen Prozesse aktiviert, die sich auf das Annäherungs- oder Vermeidungsverhalten auswirken. Welchen Effekt kann das haben? Entweder kommt der Neukunde rein... Oder eben nicht. Letzteres wäre ungünstig.

Vertrauensbildung wird über ästhetische Reize moduliert. Schon allein Ordnung und Sauberkeit vor der Tür haben eine Wirkung auf Empfinden und Verhalten. Es lohnt sich also die versehentlich verlorene Bananenschale eigenverantwortlich zu entfernen. Nutzen Sie die Effekte von Symmetrie, Kontraste, flüssige und leichte Wahrnehmbarkeit, oder Vitalisierendes (z. B. Menschen in Ihrem Geschäft). So erzeugen eine intuitive, positive Bewertung, die ein spontanes Betreten ihres Geschäftes verstärkt.

---

12 Covey, S. M. R. C. (2009). *Schnelligkeit durch Vertrauen: Die unterschätzte ökonomische Macht.* Gabal.

5.2 · Außenauftritt & Fassade

Primacy Effekt

Der *Primacy Effekt*, bzw. „Primäreffekt" bezeichnet das Phänomen, dass unser Gehirn sich an die erste Information („erster Eindruck") am besten erinnert. Dieses Phänomen ist besonders dienlich, wenn Menschen einer Reihe von Informationen und Reizen (auch die Ihrer Mitbewerber) ausgesetzt sind und später daraus eine Entscheidung erfolgen soll. Er wird oft in Zusammenhang mit der Gedächtnisbildung und dem Entscheidungsprozess diskutiert und im Zusammenhang, ob Ihr Geschäft bei Passanten oder Erstkunden in Erinnerung bleibt.

Solomon Asch[13] hat bereits in den 1940er-Jahren Studien zum *Primacy-Effekt* durchgeführt: In seinem Experiment zeigte er Teilnehmern eine Liste von Eigenschaftswörtern, die eine bestimmte Person beschreiben sollten. Die ersten Wörter auf der Liste waren entweder positiv oder negativ konnotiert, gefolgt von neutralen Wörtern. Die Teilnehmer erinnerten sich besser an die ersten Wörter auf der Liste und haben die gleiche Person – trotz den überwiegend weiteren neutralen Eigenschaften als anziehend oder dann, bei negativen Worten, als weniger anziehend eingeschätzt.

- **Zwischenraum**

Stau, Parkplatzsuche, quengelnde Kinder, Zeitnot, Lärm, fehlende Übersicht, zu viele Reize und andere Menschen sind die Herausforderungen Ihrer Kunden bevor sie zu Ihnen kommen. Bekommen Sie Verständnis und gehen Sie die Wege und die damit verbundenen Stressoren in ihrer unmittelbaren Geschäftsumgebung, aber auch im Geschäftsraum selbst mal durch: Welche Erfahrungen machen müde? Welche gereizt? Wie können Stressoren beseitigt werden?

„Zwischenräume" sind diejenigen Flächen, die weder vollständig privat oder geschäftlich noch allgemein zugänglich für die Öffentlichkeit sind: Es handelt sich um die wertvollen Vorbereiche von Geschäften, Plätze, Passagen, Zugänge etc. Diese Räume dienen als Bindeglied zwischen öffentlichem und privatem Raum und bieten eine ideale Fläche für die Ansprache, Interaktion und Beziehungspflege zwischen Passanten und Ihrem Geschäft.[14]

- **Inspiration**

Wie fühlen Sie sich im Urlaub? Sie kennen sicher Ihre eigene Begeisterung, wenn sie in Ihren Ferien durch Märkte, die Piazza oder Promenaden schlendern. Es ist bunt, inspirierend und es gibt viel zu sehen, riechen, spüren. Warum nur im Süden? Generell präsentieren sich Einzelhändler in der DACH-Region zwar sehr effektiv, doch leider oft zu nüchtern und lieblos. Spätestens im Urlaub erkennen Kunden (und

---

13 Asch, S. E. (1946). Forming impressions of personality. *The Journal of Abnormal and Social Psychology, 41*(3), 258–290.
14 Richter, P. G. (2022). *Architekturpsychologie: Eine Einführung* (6. Aufl., S. 321). Pabst Science Publishers.

auch Unternehmer selbst) den Unterschied und das noch vorhandene Potenzial, wenn wir die ansprechenden, appetitanregenden und fantasievollen Außendarstellungen von Geschäften und Märkten in anderen Ländern sehen. Und erleben.

- **Salienz**

Saliente Reize ziehen automatisch unsere Aufmerksamkeit an, ohne dass wir bewusst darüber nachdenken müssen und ermöglichen, in einer komplexen und überfrachteten Umgebung effizient zu navigieren. Unser Gehirn erkennt und bevorzugt, was sichtbar und flüssig verarbeitbar ist, alles andere wird ausgeblendet. Es ist ein strategischer Vorteil, aus der Umgebung hervorzustechen und mit salienten Komponenten die Aufmerksamkeit auf sich zu ziehen: Leuchtende oder einheitliche Farben, ungewöhnliche Größe, Dinge in Bewegung, Überraschendes aber auch die Beleuchtung, Fassadengestaltung, Schriftzug, Kontraste und Symmetrie aber auch Kuriositäten spielen hierbei eine wichtige Rolle.[15]

- **Transparenz und die magnetische Rückkopplungsschleife**

Transparenz und Einsehbarkeit in Ihr Geschäft schaffen Vertrauen und haben eine Magnetfunktion. Öffnen Sie generell ihre Türen, aber noch wichtiger – schaffen Sie Einblick in Ihr Geschäft. Denn soziale Dynamiken wirken wie ein Magnet: Menschen neigen dazu, sich in ihrem Verhalten an anderen zu orientieren, insbesondere in unsicheren oder neuen Situationen. Wenn Menschen (nicht nur Kunden, sondern auch die Mitarbeiter) in Ihrem Geschäft sichtbar sind, wird ihr Geschäft als vertrauenswürdig, gesellig oder besonders beliebt wahrgenommen, was die Neugier aber auch das Gefühl des Verpassens erhöht (vgl. *FOMO* s. Abschn. 1.4). Menschen ziehen Menschen: Es bewirkt die sogenannte *positive Rückkopplungsschleife*, die einen Laden noch populärer macht.[16]

> **Checkliste**
> **Fassade**
> — Ästhetischer Eindruck: Unsauberkeiten und Schadstellen an Wand, Glas, Putz oder Bodenbelag überprüfen und beseitigen
> — Farbe und Farbgestaltung: Wirkt Ihr Auftritt und Ihre Fassade ansprechend und kompetent? (weitere Tipps im Kapitel Farbe)
> — Bilden Fenster einen Rahmen? Dunklere Farben wirken kompetenter, aber auch exklusiver, buntere Farben versprechen eher preiswerte Marken und Produkte. Generell zu empfehlen: Fensterrahmen in warmen Anthrazit lackieren. Das ist neutral, sieht hochwertig aus, schafft einen Rahmen und wirkt nicht so schnell verschmutzt.

---

15 Zeki, S. (1999). *Inner Vision: An Exploration of Art and the Brain*. Oxford University Press.
16 Mehta, R. (2013). Understanding perceived retail crowding: A critical review and research agenda. *Journal of Retailing and Consumer Services, 20*(6), 642–649.

5.2 · Außenauftritt & Fassade

Kommunikation
- Logo mit Piktogramm (z. B. der Apfel von Apple): Ist wesentlich schneller erkennbar als ein Schriftzug – vor allem für Ältere, Kinder, nicht Deutsch sprechende und schnell vorbeifahrende Kunden. Tagsüber kontrastreich, nachts beleuchtet: Schafft Salienz.
- Steckschild: In 90 % aller Fälle laufen Menschen nicht frontal auf Ihr Geschäft zu, sondern eher von der Seite (Fußgängerzonen, Verkehrsbereiche). Nur über das Steck- oder Nasenschild kann man Sie erkennen.

Wirksamkeit
- Unterbewusste Anziehungskraft: Nutzen Sie Marktschirme, Aufsteller, Auslagetische und Kuriositäten als Magnet.
- Beleuchtung: Ist sie ausreichend (Sicherheit) und interessant (Annäherung)? Installieren sie z. B. Würfelleuchten mit Streiflicht: Sie erfüllen beides.
- Taten statt Worte: Aufsteller, Texte, Infoposter und Aufkleber etc. haben längst Ihre Bedeutung verloren. Ein überdimensionaler oder interessanter Eyecatcher, eine E-Bike Ladestation oder eine sympathische Sitzbank mit Kissen etc. sind wesentlich charmanter & wirksamer.

■ Fototrick

Nehmen Sie Ihr Smartphone zur Hand, gehen Sie auf die andere Straßenseite und fotografieren Sie Ihr Geschäft zu verschiedenen Tageszeiten. Durch die Verkleinerung und Reduzierung der Daten werden noch schneller ungenutzte Potenziale offenbart: Kann man wichtige Informationen wie Logo und Name erkennen und lesen? Ist der Eingang deutlich und einladend? Ist das Schaufenster interessant bzw. ist ein transparenter Einblick möglich, ohne Spiegelung? Spüren Sie Neugier und Anziehung und wären bereit, die Straßenseite wechseln? Überprüfen Sie Ihre tatsächliche Fernkommunikation: Auch die Erkennbarkeit von Geschäft und Marke aus einer Entfernung von min. 50–200 m. Sprechen Sie auch Autofahrer, Menschen in öffentlichen Verkehrsmitteln, oder Passanten an Kreuzungen und Frequenzpunkten an.

■ Zwischenraum nutzen

Sind die oben genannten „Zwischenräume" intelligent gestaltet, erleichtert es die Aufmerksamkeit und Annäherung: Ein Stuhl oder eine Bank signalisiert, dass man willkommen ist, sich niederzulassen, Energie zu tanken und sich mit anderen auszutauschen. Kissen vermitteln Wärme und Geborgenheit, während ein Schirm Schutz und Behaglichkeit bietet.

Vielleicht können Sie eigenverantwortlich oder auch im Schulterschluss mit Stadt und Gewerbeverbänden für mehr Orientierung, Hinweise, Sicherheit, Licht, Begrünung, positiv stimulierender Kunst oder auch Sitz- und Spielmöglichkeiten sorgen, die nicht nur die Anreise erleichtern, sondern auch für eine positive Gestimmtheit der Menschen in der gesamten Umgebung sorgt. Leider wird die Verantwortung zur Gestaltung dieser Bereiche gern an die öffentliche Hand abgegeben. Sie bleiben dann auch lieblos. Aber das ist Ihre Chance ...

- **Der *Broken-Window-Effekt***

Ein Konzept aus der Kriminologie und Sozialpsychologie, das besagt, dass sichtbare Anzeichen von Unordnung und Vernachlässigung in einem Umfeld weiterem Vandalismus oder Verunreinigungen fördern können. Unterbrechen Sie also diesen Kreislauf. Vor allem vor Ihrer eigenen Türe.

Bereits eine unachtsam verlorene Bananenschale oder ein benutztes Taschentuch kann ein unterbewusstes Ekelgefühl auslösen. Das führt zur Abwendung. Also: Sauberkeit schafft Appetit und Vertrauen. Und macht Spaß, da man beim Saubermachen erste Gespräche mit Kunden & Passanten führen kann. Marketing mit Charme. Sauberkeit ist die billigste Werbung.[17]

- **Aha Effekt**

Der Mensch liebt Aha-Effekte: Besondere Inszenierungen, überproportionale oder ungewöhnliche oder auch rätselhafte Darstellungen regen zum Staunen an und machen Freude (vgl. Staunen, Abschn. 4.3.4). Ein überdimensionaler oder exotischer Marktschirm, ungewöhnliche Dekorationsobjekte oder die lebensgroße Playmobil – Figur am Eingang eines Spielzeuggeschäftes.

- **Licht lockt Leute**

◘ Abb. 5.1 zeigt, wie Wandstrahler den Eingangsbereich inszenieren. Auf die Art und Weise ziehen Sie Menschen an und sorgen für Sichtbarkeit und Sicherheit.

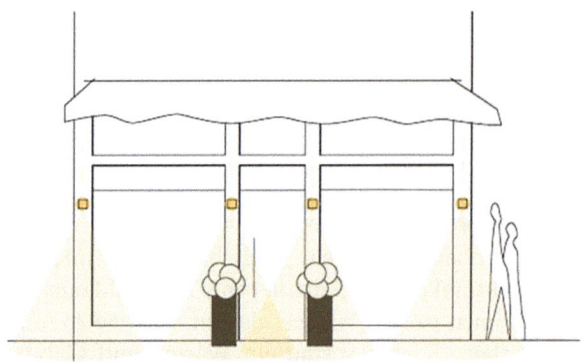

◘ **Abb. 5.1** Beleuchtung Außenfassade. (Eigene Darstellung)

---

17 Wilson, J. Q., & Kelling, G. L. (1982). *Broken windows: The police and neighborhood safety.* The Atlantic Monthly.

5.3 Schaufenster

- **Richtige Kommunikation = einfache Kommunikation**

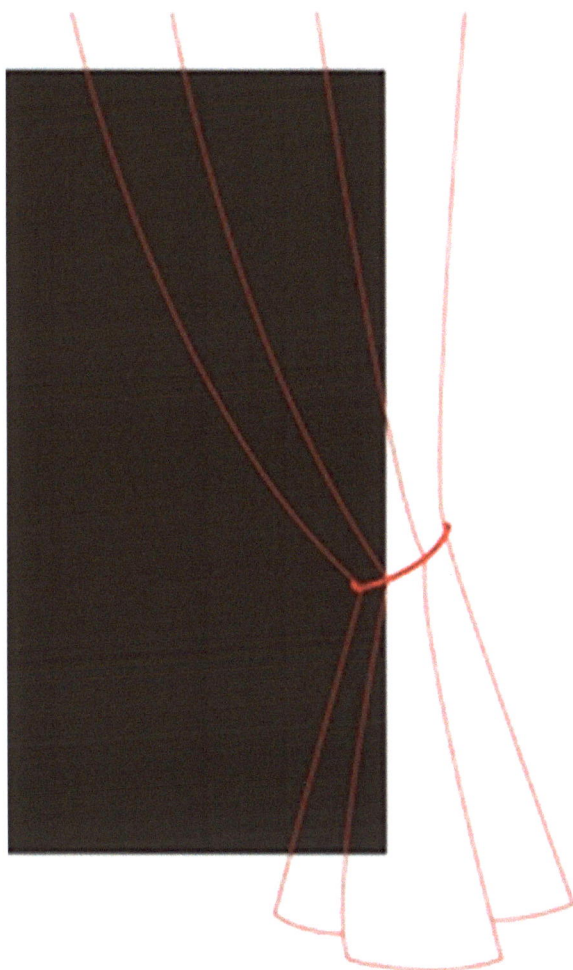

> „Der Blick verändert sich, wenn er liebevoll auf etwas gerichtet wird." (Frank Berzbach)

> **Empathie**
> *griech.: „em" – innerhalb, „pathos" – Gefühl*
> *Empathie* beschreibt das Phänomen, sich in die Emotionen, Gedanken und Perspektiven anderer Menschen „einfühlen" zu können und verhilft so zu einem tiefen Verständnis des Gegenübers. Bei Empathie entsteht oft eine Art gemeinsamer Raum. Wie bei einem Musikkonzert: Jeder kann es spüren, sind aber kaum in der Lage, es in Worte zu fassen. Dabei entstehen die Möglichkeiten, positive Emotionen wie Freude und Zufriedenheit zu verstärken, und hingegen den Stresslevel zu senken.
> Zeigen Sie Ihrem Kunden, dass Sie interessiert an ihm sind: Seinen Bedürfnissen und seinem Wohlergehen. Die heutige Zeit ist für alle herausfordernd. Durch Überreizungen wird unsere innere Ruhe auf den Prüfstand gestellt: Schenken Sie von Beginn an Ihren Kunden einen Ort und eine Zeit für eine Pause. Um erst durchzuatmen und SICH SELBST zu erkennen und dann einzuatmen: Um Ihr Geschäft und Ihren Spirit wahrzunehmen.
> Das ist wie eine goldene Regel: Ihre Chance besteht darin, dass ihre Kunden spüren, dass deren Gedanken, Gefühle und ihre Sichtweisen wertvoll sind. Ihre Kunden finden dabei zu einer inneren Klarheit, Sicherheit und Vertrauen, mit der eine Entscheidung für Sie und Ihr Unternehmen viel leichter fällt.[18]

Die Hauptaufgabe des Schaufensters ist es, eine emphatische Begrüßung und Vorstellung zu übernehmen. Und das ohne gesprochene Worte. Wie ein erster Handschlag: Nicht zu fest, nicht zu kalt und nicht zu feucht. Stammkunden möchten sich abgeholt fühlen, Neukunden möchten sich einen ersten Eindruck von Ihrem Geschäft machen und Interessenten wünschen sich ein Bild von Ihren besonderen Angeboten und Leistungen. Und ihr Ziel ist, Interesse, Begehrlichkeit oder – am effektivsten – einen Einkaufswunsch auszulösen.

Nutzen Sie das Schaufenster als Spielwiese oder als Theaterbühne für Ihre eigene Story: Unternehmensgeschichte, saisonale Dekorationen, Werbekampagnen oder zur Unterstützung der Zielgruppenansprache und Aufwertung ihres Images. Je mutiger, umso besser. Die beste Werbung ist: Lassen Sie die Leute reden!

In den letzten Jahren wurden Schaufensterdekorationen leider immer reduzierter und funktionaler gestaltet. Damit leider auch immer fantasieloser. Behutsame Reduzierung ist gut fürs Auge, doch Lieblosigkeit schmerzt der Seele.

- **Auswahlparadoxon**

Das *Auswahlparadoxon* legt nahe, dass eine große Auswahl im Schaufenster nicht zwangsläufig zu mehr Interessierten führt. Vielmehr spiegelt sich oft die Unsicherheit der Ladeninhaber wider, die den Eindruck erwecken wollen, alles anzubieten. Studien zeigen, dass es nicht die Vielzahl an Produkten ist, die den Kaufabschluss

---

18 Cohen, S., & Wills, T. A. (1985). Stress, social support, and the buffering hypothesis. *Psychological Bulletin, 98*(2), 310–357. ▶ https://doi.org/10.1037/0033-2909.98.2.310.

fördert, sondern eine übersichtliche Präsentation, die durch besondere Inszenierungen hervortritt. Zudem sollte eine effektive Schaufensterdekoration als „Appetizer" fungieren, anstatt zu einem kognitiven Overload zu führen. Letzterer entsteht, wenn zu viele Informationen gleichzeitig präsentiert werden und die ohnehin begrenzte Aufnahmekapazität des Gehirns überfordert wird. Dies führt dazu, dass Kunden das Interesse verlieren. Also: Einfache und appetitliche Botschaften vermitteln.[19]

- **Frequenzeffekt (*Red-Car-Theory*):**
Der Frequenzeffekt besagt, dass Sie, sobald Sie sich einer bestimmten Sache bewusst werden, diese plötzlich überall wahrnehmen. Der Name „*Red Car Theory*" leitet sich von der häufigen Erfahrung ab, dass jemand, der ein neues rotes Auto gekauft hat, plötzlich überall rote Autos sieht: Sobald etwas Ihre Aufmerksamkeit erregt, wird Ihr Gehirn darauf sensibilisiert. Dies ist eine Funktion des retikulären Aktivierungssystems (RAS) im Gehirn, das Informationen filtert und hervorhebt, die wichtig erscheinen. Man könnte glauben, dass es mehr rote Autos gibt als zuvor, aber in Wirklichkeit nehmen Sie sie nur bewusster wahr.

Nutzen Sie wieder verstärkt alle Trends (SocialMedia, Mode, Stars und Storys), sportliche Ereignisse, saisonale Themen (von Weihnachtskeks bis Sonnenbrille): Sie sind ein Verstärker dieses Phänomens.[20]

> **Checkliste**
> **Allgemein**
> – Konsequente und plausible Story statt Chaos?
> – Die Wahrheit liegt im Detail: Gibt's noch tote Fliegen, Staub, Spinnweben, Kabel, Tesa-Streifen oder längst überholte Kreditkarten-Aufkleber?
> – Transparenz: Komplett geschlossene Schaufensterbereiche nur in Ausnahmefällen (z. B. Unterwäsche). Faustregel: Maximal 1/3 der Schaufensterfläche „geschlossen"
> – Reflektiert das Schaufenster und verhindert Spiegelung den Einblick? Seitliche, innenliegende Wandflächen hell beleuchten und auch dekorativ nutzen (das ist oft der Hauptfokus von Passanten, da man selten frontal auf Schaufenster zuläuft, sondern meist seitlich)
> – Logo und Name: Idealerweise z. B. auch auf Dekopodest und Augenhöhe

---

19 Iyengar, S. S., & Lepper, M. R. (2000). When choice is demotivating: Can one desire too much of a good thing? *Journal of Personality and Social Psychology, 79*(6), 995–1006. ▶ https://doi.org/10.1037/0022-3514.79.6.995.
20 Contemporary Psychology. (n.d.). *Reticular Activating System: Intention in Attention.* Retrieved from Contemporary Psychology, ▶ https://www.contemporarypsychology.com.au/reticular-activating-system-intention-in-attention/.

Dekoration
- Produkte nur wischen Hüft- und Augenhöhe: Darunter wirkt „wertlos", drüber nur Deko
- Klotzen statt kleckern: Nur Großes, Salientes, Emotionales oder Kurioses wird wahrgenommen.
- Reduktion (leichterer Überblick) und Kuration (mehr Kompetenz)
- genügend Abstand zwischen Produktgruppen und Elementen
- maximal fünf Farben im Schaufenster, egal ob Hilfsmittel, Deko, Produkt
- Generell: Weniger ist mehr, aber mit Liebe!

Beleuchtung
- Stromschienen und Strahler so nah als möglich am Schaufenster um das „Gesicht" des Produktes hell auszuleuchten, nicht den „Rücken"
- Eher Punktstrahler statt Flächenstrahler: Erzeugt mehr Theatralik und Wertigkeit
- Nochmal, weil wichtig: Einblick statt Reflektion – Helle Beleuchtung auf reflektierende Flächen und Produkte schafft Abhilfe. Auch Werbedisplays oder Screens helfen
- Weitere Tipps zu Qualität und Vorzüge: Im Kapitel *Licht*

- **Dynamischer Aufbau/Dreiecksregel**

Indem Sie bei Ihrer Schaufenstergestaltung der sogenannten Dreiecksregel folgen, verwandeln Sie das Präsentierte in eine professionelle Komposition. Die Idee ist alt bewährt, denn sie wurde bereits während der Renaissance eingesetzt, um Klarheit, Ruhe und Harmonie vor allem bei religiösen Inhalten zum Ausdruck zu bringen. Ähnlich wie der Goldene Schnitt hat diese Art der Komposition eine ordnende und harmonisierende Wirkung: Wirkt interessant und anziehend.

Beim Betrachten von ◘ Abb. 5.2 können Sie die Achsenbildung gut erkennen. Die Mittelachse ist hierbei am höchsten. Zu den Achsen schräg oder diagonal verlaufende Linien verleihen der Komposition noch mehr Dynamik.

- **Statischer Aufbau**

Beim statischen Aufbau, siehe ◘ Abb. 5.3, wird eine Gruppe oder Reihung gebildet – z. B. 2er, 3er oder 5er gleichmäßig nebeneinander. Zwischen den einzelnen Themen sollte genügend Abstand bleiben, damit Betrachtende die Idee und das Produkt schnell erfassen können. In einer Reihung darf es etwas enger werden, um eine Beziehung herzustellen. Ideal zur Präsentation in geeigneter Höhe sind sogenannte Galeriesockel, die es günstig und in passenden Größen beim Kunstgroßhandel gibt. Und selbst lackiert werden können.

Abb. 5.2 Dynamischer Aufbau. (Eigene Darstellung)

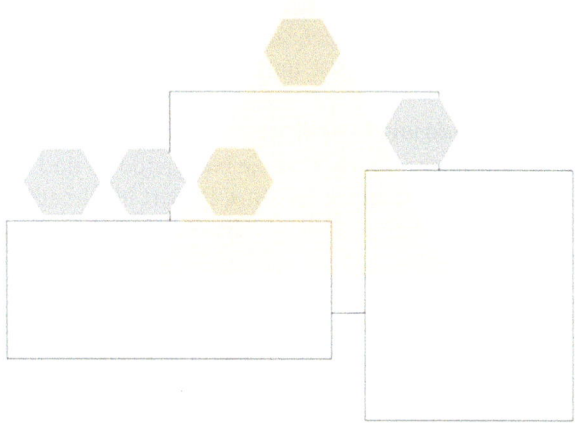

Abb. 5.3 Statischer Aufbau. (Eigene Darstellung)

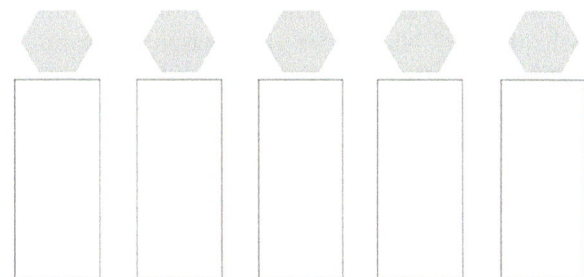

- **Das „rote Pferd" und der *Aha-Effekt*:**

Der „*Aha-Effekt*" bezieht sich auf ein plötzliches Verstehen oder eine plötzliche Einsicht, die eine Person erlebt, wenn sie eine rätselhafte oder mysteriöse Sache durchschaut oder erkennt.[21] Dieser Effekt wird oft von einem Gefühl der Befriedigung und des Triumphs begleitet und wirkt motivierend.[22]

- **Unerwartetes**

Größe und Farbe erzeugen starke emotionale Reize und einen Aha-Effekt, der näheres Interesse und Aufmerksamkeit verstärkt.

---

21 Kounios, J., & Beeman, M. (2009). The Aha! Moment: The Cognitive Neuroscience of Insight. *Current Directions in Psychological Science, 18*(4), 210–216. ► https://doi.org/10.1111/j.1467-8721.2009.01638.x.

22 Lorenz, K. (1973). *Die Rückseite des Spiegels. Versuch einer Naturgeschichte menschlichen Erkennens.* Piper Verlag.

- **Auffälligkeit und Kontrast zur Umgebung**
Eine kräftige Farbe wirkt polarisierend und anregend: Sie erzeugt ein *Arousal* im Gehirn! Und steht gleichzeitig im Kontrast zur restlichen Umgebung des Schaufensters. Weckt Interesse und sorgt für ein momentanes Innehalten.

- **Neugierde und Gespräche**
Ungewöhnliche Objekt regt die Neugierde an und animiert das Gehirn, mehr zu erfahren. Es bleibt im Gedächtnis, fördert Nachbarschaftsgespräche bei den Älteren („hast Du schon gesehen?") oder Selfie bzw. Instagram-Posts der Jüngeren (#rotespferdbeixy)

- **Symbolhaftigkeit**
Figuren, Tiere, Zeichen oder Symbole können verschiedene Assoziationen wecken (z. B. bei Pferd: Freiheit, Stärke und Dynamik). Diese Symbolik kann die emotionale und kognitive Reaktion der Betrachter verstärken, was zu einem nachhaltigen Eindruck führt.

Also: Wie wäre es nun mit einem roten, überdimensionales Dekopferd in Ihrem Schaufenster? Nutzen Sie zum Beispiel Dekorationen aus Theater- oder Filmfundus: Das rote Pferd oder ein antikes aus einem alten Kinderkarussell oder eine Hängematte für Verliebte gefüllt mit zehn Kilo Rosenblättern. Und: Mieten statt kaufen – die Kosten sind überschaubar, doch der magische Sog, die angeregten Gespräche, interessierte Blicke und ein „Halo-Effekt" sind unbezahlbar.

> **Halo Effekt**
>
> Der *Halo-Effekt* beschreibt das psychologische Phänomen, bei dem Menschen unterbewusst von einer herausragenden Eigenschaft oder angenehmen Überraschung auf andere positive Eigenschaften schließen. Zum Beispiel werden attraktiven Personen oft automatisch mehr Fähigkeiten zugetraut; sie werden bevorzugt behandelt, erhalten mehr Zuspruch und oft sogar ein höheres Gehalt. Dieser Effekt wurde in verschiedenen Kontexten, wie etwa bei Bewerbungsgesprächen oder in Flughäfen, durch Studien belegt. Eine bekannte Studie von Nisbett und Wilson zeigte, wie der *Halo-Effekt* Bewerbungsprozesse beeinflusst: Bewerber mit attraktiven Fotos wurden häufiger eingestellt und besser bewertet, unabhängig von ihren tatsächlichen Qualifikationen.[23]

---

23 Nisbett, R. E., & Wilson, T. D. (1977). The halo effect: Evidence for unconscious alteration of judgments. *Journal of Personality and Social Psychology, 35*(4), 250–256. ▶ https://doi.org/10.1037/0022-3514.35.4.250. Untersuchte den Einfluss des Halo-Effekts auf die Wahrnehmung und Bewertung von Bewerbern. Die Ergebnisse dieser Studie sind wegweisend für das Verständnis, wie äußere Merkmale die Urteilsbildung beeinflussen können.

5.4 Eingangsbereiche

- **Ein guter Start: Wertschätzung Ihrer Kunden**

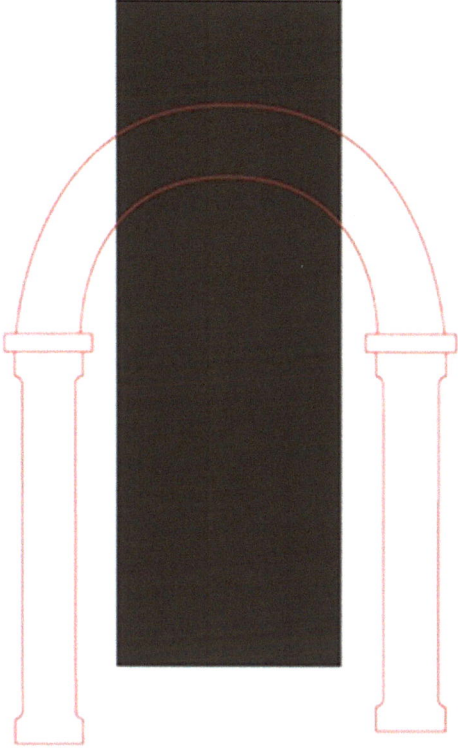

> „Der erste Eindruck ist der entscheidende, er öffnet oder verschließt die Türen des Vertrauens." (Unbekannt)

Resonanz
Beim Betreten eines Raumes beginnt eine sofortige, unbewusste Interaktion zwischen uns und der Umgebung. Unser Gehirn aktiviert Mechanismen, die auf Sicherheit und Wohlbefinden abzielen: Wir gehen in Resonanz. Diese Resonanz zwischen Mensch und Raum ist entscheidend für unser emotionales und körperliches Erleben. Und unser Entscheiden. Während das limbische System die Umgebung auf mögliche Gefahren hin analysiert, wird durch positive Resonanz ein Gefühl von Harmonie und Geborgenheit erzeugt. Ist das Gleichgewicht gestört, reagiert der Körper mit Stress, der sich in erhöhter Wachsamkeit und einer Aktivierung des sympathischen Nervensystems sowie der regulativen Vitalsysteme zeigt.

> Diese dynamische Wechselwirkung bestimmt, ob ein Raum unterbewusst als einladend und sicher oder als unangenehm und bedrohlich wahrgenommen wird.[24]

Beim Betreten eines neuen und unbekannten Terrains, auch bei Geschäften und Läden, setzen sofort komplexe mentale und körperliche Prozesse ein, die sowohl die Wahrnehmung als auch das Verhalten des Menschen entscheidend beeinflussen. Diese Reaktionen dienen in erster Linie der Orientierung und der Sicherstellung, dass die Umgebung als sicher eingestuft werden kann.

Auf mentaler Ebene treten eine Aufmerksamkeitsfokussierung und Wachsamkeit in Kraft. Das Gehirn, insbesondere der präfrontale Kortex und das limbische System mit der Amygdala, analysiert die neue Umgebung sofort auf mögliche Gefahren oder relevante Informationen. Die Amygdala spielt hierbei eine zentrale Rolle bei der emotionalen Bewertung und Stressreaktion. Erkennt sie Anzeichen von Unsicherheit, reagiert der Körper mit Stresssymptomen wie erhöhtem Herzschlag und einem Anstieg von Adrenalin und Cortisol, was den Körper in Alarmbereitschaft versetzt. Das beschleunigt auch die Atmung und versetzt die Muskeln in erhöhte Spannung, was den Körper auf mögliche Handlungen vorbereitet. Gleichzeitig erfolgt eine aufmerksamere und sensiblere Wahrnehmung (darum sind Kunden etwas geräuschempfindlicher), bei der sich die Pupillen erweitern und sogar das Gehör empfindlicher wird, um die Umgebung optimal wahrzunehmen. Parallel dazu tritt der Hippocampus in Aktion, der die neue Umgebung mit früheren Erfahrungen vergleicht. Weicht diese stark von vertrauten Mustern ab, kann dies zu *kognitiver Dissonanz* führen, die das Gehirn zur aktiven Anpassung und Problemlösung anregt.[25]

Diese körperlichen und mentalen Prozesse werden zusätzlich von sozialpsychologischen Aspekten begleitet. Wir beginnen das eigene Verhalten entsprechend anzupassen und in die neue Umgebung zu integrieren. Darüber hinaus wird die Selbstpräsentation aktiv: Menschen werden sich ihrer selbst bewusster und passen ihr Verhalten an, um in der neuen Umgebung Akzeptanz zu finden.

Diese komplexen Prozesse verdeutlichen, wie wichtig die Gestaltung eines Raumes – insbesondere der Eingangsbereich eines Ladens – für die erste Interaktion mit dem Kunden ist. Schon bevor der Kunde die Schwelle überschreitet, entscheidet sich, ob eine positive Verbindung zur Umgebung hergestellt wird, die den Kunden einlädt, oder ob Unsicherheit und Unbehagen die Oberhand gewinnen. Nun wissen Sie, warum ihre Kunden gern etwas aufgeregt sind.

---

24 Flade, A. (2008). *Architektur, psychologisch betrachtet* (S. 85–98). Hans Hubert.
25 McEwen, B. S. (2007). Physiology and neurobiology of stress and adaptation: Central role of the brain. *Physiological Reviews, 87*(3), 873–904. ▶ https://doi.org/10.1152/physrev.00041.2006.

Checkliste
Resonanz
- Positive Gestimmtheit: Stimmt die Ästhetik, die Atmosphäre, das Storytelling und vor allem die gefühlte Sicherheit und Sauberkeit?
- Zugang und Eingangstüre: Sichtbar, leicht bedienbar, möglichst barrierefrei
- Transparenz für Vertrauen: Einblick statt branchenfremde Plakete und Aufkleber
- Sicherheit und Orientierung: Schaffen betonte Türrahmen (*Peak-Shift-Effekt*), Blumen, Dekoration sowie Beleuchtung ein gutes Gefühl?
- Kompetenz: Erkennen Kunden Ihre Kompetenz? Z. B. Meistertitel oder auch Infoscreen mit Bewegtbild und Marken. Bieten Sie Kontaktmöglichkeiten außerhalb der Geschäftszeiten an?

Zusätzliche Wertschätzung
- Kunde fühlt sich als König: Roter Teppich (auch als Schmutzfang) statt grauer Matte. Wirkt symbolhaft, entschleunigend und in den Laden führend
- Gast statt Geldbringer: Ein einladend wirkender symbolischer Sessel, Musik und dezenter Duft sprechen Organismus und Belohnungszentrum an
- Feels good: Angenehme Türgriffe sind die erste positive Berührung und Resonanz

Frequenz
- Sie wünschen sich mehr impulsive Besuche Ihrer Kunden? Eingangsbereiche heller beleuchten und Multisensorik (Musik, Duft) anders gestalten, als es das Umfeld macht

- **Portalwirkung und der Peak-Shift-Effekt**

Die Gestaltung von Eingängen mit einer „Portalwirkung" kann erheblichen Einfluss auf die Wahrnehmung und das Verhalten von Kunden haben. Dieser Effekt, auch bekannt als „*Peak-Shift-Effekt*", basiert darauf, dass Menschen auf verstärkte oder übertriebene Reize besonders intensiv reagieren. Historisch wurden solche Portale bewusst in Kirchen oder Königshäusern eingesetzt, um Staunen und Bedeutung zu vermitteln. Im Handel kann dies durch gezielte Maßnahmen wie kontrastreiche Farbgebung des Türrahmens, die Betonung der Türhöhe mit dekorativen Elementen und symmetrische Blumengestaltung erreicht werden. Diese Gestaltung erzeugt ein Gefühl von Erhabenheit und Sicherheit beim Betreten, was die Kundenerfahrung positiv beeinflussen und die Aufenthaltsqualität erhöhen kann.[26]

---

[26] Ramachandran, V., & Hirstein, W. (1999). The science of art: A neurological theory of aesthetic experience. *Journal of Consciousness Studies, 6*(6/7), 15–51. University of San Diego, California.

- **Erste Berührung mit Oxytocin**

Die Gestaltung von Tür und Türgriff spielt eine wesentliche Rolle für die erste Wahrnehmung eines Geschäfts, da sie bei Berührung ein Gefühl von Qualität und Wärme vermitteln. Dies kann sogar die Ausschüttung von Oxytocin fördern, was eine positive emotionale Bindung schafft.

Um Stress bei Kunden zu vermeiden, sollten horizontale Türgriffe vermieden werden, da sie eher Verwirrung auslösen können. Beschriftungen und Logos sollten auf Augenhöhe und blicktransparent platziert werden, um Sichtbarkeit und Vertrauen zu fördern. Leichtgängige Türen und klare Informationen über Öffnungszeiten und Inhaber steigern zusätzlich die Zugänglichkeit und Professionalität des Ladens. Sind Türen zu schwergängig, können diese oft mit wenigen Handgriffen mit elektrischen Hilfsmotoren oder Schiebemechanismen nachgerüstet werden. Oft reicht schon ein Tropfen Öl (◘ Abb. 5.4).[27]

- **Roter Teppich: Der *„Above Average"* Effekt**

Der *„Above Average"*-Effekt beschreibt die menschliche Neigung, sich selbst und die eigenen Fähigkeiten positiver zu bewerten als den Durchschnitt. Dieser

◘ **Abb. 5.4** Portalwirkung. (Eigene Darstellung)

---

27 Norman, D. (2013) *The Design of everyday things.* Basic Books.

psychologische Trick kann genutzt werden, um Kunden ein Gefühl von Exklusivität und Wertschätzung zu vermitteln, was ihre Stimmung und damit auch ihre Ausgabebereitschaft positiv beeinflusst. Man kennt es aus Hotels: Die Platzierung eines roten Teppichs am Eingang verstärkt diese Wirkung, indem er Assoziationen zu Luxus und Eleganz weckt. Der rote Teppich signalisiert Prestige und schafft eine Atmosphäre, in der sich Kunden besonders und geschätzt fühlen, was zu einer gesteigerten Kundenzufriedenheit und potenziell höheren Umsätzen führt.[28]

- **Körperresonanz: Embodiment Effekt**

Ein intelligenter Belagswechsel – wie oben genannt – ist nicht nur ein ästhetisches Element, sondern beeinflusst auch das Verhalten und Wohlbefinden der Kunden.[29] Vor allem mit Teppich: Durch die weiche Textur wird die Gehgeschwindigkeit verlangsamt und eine aufrechtere Körperhaltung gefördert. Studien zeigen, dass eine aufrechte Haltung Stresshormone reduziert und Entscheidungsfreude steigert. Zudem leitet der rote Teppich subtil die Laufrichtung und kann Kunden gezielt in weniger frequentierte Bereiche lenken. Händler berichten oft erstaunt von den positiven Effekten und der Resonanz, die ein roter Teppich bei Kunden erzeugt, und wie er das Einkaufserlebnis vitalisiert und aufwertet.

> **Embodiement-Effekt**
>
> Der *Embodiment-Effekt* beschreibt, wie physische Körperwahrnehmungen und Bewegungen kognitive Prozesse und emotionale Reaktionen beeinflussen. Studien zeigen, dass unsere Körperhaltung und die Umgebung, in der wir uns befinden, unser Denken, unsere Entscheidungen und unser Wohlbefinden nachhaltig steuern.[30]

---

28 Carney, D. R., Cuddy, A. J. C., & Yap, A. J. (2010). Power posing: Brief nonverbal displays affect neuroendocrine levels and risk tolerance. *Psychological Science, 21*(10), 1363–1368. ▶ https://doi.org/10.1177/0956797610383437.
29 Tschacher, W., Storch, M., Hüther, G., & Cantieni, A. (2022). *Embodiment: Die Wechselwirkung von Körper und Psyche verstehen und nutzen.* Hogrefe.
30 Tschacher, W., Storch, M., Hüther, G., & Cantieni, A. (2022). *Embodiment: Die Wechselwirkung von Körper und Psyche verstehen und nutzen.* Hogrefe.

5.5 Raumprogramm

- **Wege- und Kundenführung: Orientierung & Aufenthaltsqualität**

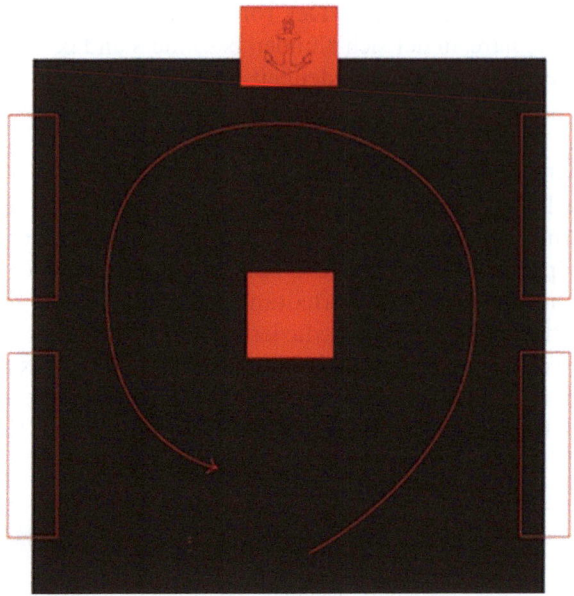

> „Die Aufmerksamkeit des Kunden folgt der Aufmerksamkeit, die SIE erzeugen" (Stefan Suchanek)

Orientierung
Das Wort „Orientierung" stammt vom lateinischen Wort „oriens" ab, was „Osten" bedeutet und sich auf die Ausrichtung nach dem Osten bezieht, wo die Sonne aufgeht. Heute beschreibt Orientierung den Akt, sich als Mensch in einer Umgebung zurechtzufinden. Wenn Ihre Kunden Ihr Geschäft betreten, haben sie in Ihrer Vergangenheit bereits viele andere Geschäfte erlebt und dabei Erfahrungswerte gesammelt. Sie haben die Chance, mit der Gestaltung Ihres Raumprogramms auf diesen Erfahrungswerten aufzubauen und Ihren Kunden Aha!-Erlebnisse zu schenken. Aha! Hier geht es lang. Aha! Hier ist, was ich gesucht habe. Aha! Das wusste ich noch gar nicht. Auf die Art entsteht ein Kennenlernen zwischen Raum und Kunde – und auf diese Art: Eine Beziehung. Und da geht die Sonne auf …[31]

---

31 Richter, P. G. (2022). *Architekturpsychologie: Eine Einführung* (6. Aufl., S. 302). Pabst Science Publishers.

Bereits beim Eintritt in das Geschäft ist es wichtig, dem Kunden ein Gefühl von Sicherheit zu vermitteln. Die Eingangszone sollte nicht mit Produkten überladen sein, sondern eher emotionale oder dekorative Elemente aufweisen, die die Schrittgeschwindigkeit verlangsamen und eine angenehmes Flair schaffen: Eine nicht deutlich und schnell verstehbare Ladenstruktur kann verwirren und das Grundbedürfnis nach Orientierung und Sicherheit stören, was zu Stress, Frustration und einem Vermeidungsverhalten führen. Klare Strukturen fördern stressfreies Shopping-Erlebnis, durch gelenktes Flanieren kann ein Flow-Zustand erzeugt werden.[32]

Dies fördert das sogenannte „*Priming*", bei dem subtile Reize die Wahrnehmung und das Verhalten positiv beeinflussen und vor allem „Aha-Momente" ermöglichen.

- **Involvement und Loyalität**

Kunden sind erst etwas zurückhaltend, lieben aber dann den Effekt der Einbindung: Involvement schafft nämlich ein Maß an persönlicher Relevanz, die ein Konsument einem bestimmten Produkt oder einer Dienstleistung beimisst. Höheres Involvement führt oft zu intensiverer Auseinandersetzung mit dem Produkt, längerer Verweildauer und höherer Wahrscheinlichkeit eines Kaufs. Im Kontext des stationären Handels bedeutet dies, dass durch gezielte Involvement-Strategien (auch soziale, wie z. B. interaktive Produkttests, Personalisierungen oder einfach nur ein Espresso und Gespräch) die Kundenzufriedenheit und -loyalität erhöht werden können. Überlegen Sie sich Anreize wie z. B. eine Testfläche in einem Sportgeschäft, die es ermöglicht, verschiedene Sportschuhe auszuprobieren. Solche Angebote fördern nicht nur das Engagement und Einbindung der Kunden, sondern auch ihre Begeisterung für das Produkt.[33]

- **Autonomie und Co.**

Die *Self-Determination Theory* von *Deci* und *Ryan* sagt aus, dass Menschen drei grundlegende psychologische Bedürfnisse haben: Autonomie, Kompetenz und soziale Eingebundenheit. Das Bedürfnis nach Autonomie, also das Gefühl, selbstbestimmt handeln zu können, ist besonders relevant, wenn es darum geht, wie Kunden ihre Einkaufserfahrung erleben. Wenn Kunden die Freiheit haben, Produkte eigenständig zu erkunden und Entscheidungen ohne Druck von außen zu treffen, fühlen sie sich wohler und tendieren eher dazu, positivere Einkaufserlebnisse zu haben. Dies könnte durch Self-Service-Optionen, interaktive Produktpräsentationen oder klare und gut strukturierte Ladenlayouts unterstützt werden.[34]

---

32 Bitner, M. J. (1992). Servicescapes: The Impact of Physical Surroundings on Customers and Employees. *Journal of Marketing, 56*(2), 57–71. ▶ https://doi.org/10.1177/002224299205600205.
33 Celsi, R. L., & Olson, J. C. (1988). The role of involvement in attention and comprehension processes. *Journal of Consumer Research, 15*(2), 210–224. ▶ https://doi.org/10.1086/209158.
34 Deci, E. L., & Ryan, R. M. (2012). Self-determination theory. In P. A. M. Van Lange, A. W. Kruglanski, & E. T. Higgins (Eds.), *Handbook of theories of social psychology* (pp. 416–436). Sage Publications Ltd. ▶ https://doi.org/10.4135/9781446249215.n21.

- **Barrierefreiheit**

Barrierefreie Gestaltung des Ladenlayouts und der Produktanordnung wird oft als einer der wichtigsten Faktoren für positive Kauferlebnisse genannt. Kunden brauchen klar strukturierte Geschäfte sind und in denen Produkte ohne Hindernisse erreichbar sind. Viele Geschäfte sind zu vollgestellt: Ein einfaches und leicht zugängliches Einkaufserlebnis reduziert Frustration und steigert die Kundenbindung.[35]

- **Die Zeit im Griff**

Zeit ist ein kostbares Gut, und Kunden möchten ihre Zeit im Geschäft effizient nutzen. Eine sorgfältige Optimierung Ihrer Geschäftsfläche kann dazu beitragen, ungenutztes Potenzial zu erkennen und eine Flow Erfahrung zu optimieren. Dies verbessert nicht nur die Effizienz des Geschäfts, sondern vermeidet auch Frustration.

Studien zeigen, dass Reize oder aggressive Verkaufsstrategien, die an Zeit und Zeitdruck erinnern, verstärkt Stress erzeugen und eher verhindert, dass Kunden in einen angenehmen Flow-Zustand gelangen. Dieser Druck beeinträchtigt das Grundbedürfnis nach Kontrolle. Eine Wohnzimmeratmosphäre wirkt eher entschleunigend.[36]

> **Involvement**
>
> Im psychologischen Kontext bezeichnet *„Involvement"* das Maß an Engagement oder Interesse, das eine Person gegenüber einem Produkt, Thema oder einer Erfahrung zeigt. Höheres Involvement kann die Entscheidungsfindung, die Informationsverarbeitung und das Kaufverhalten beeinflussen. Es gibt verschiedene Arten von Involvement, darunter kognitives, affektives und verhaltensbezogenes Involvement.
>
> Eine umfassende Untersuchung über Involvement wurde von *Zaichkowsky* durchgeführt, die den „Personal Involvement Inventory" entwickelte, um die verschiedenen Dimensionen des Involvements zu messen.[37] Weitere Studien haben gezeigt, dass Involvement in hohem Maße das Konsumverhalten beeinflusst, insbesondere in Bezug auf Markentreue und Kaufentscheidungen.[38]

---

35 Vusion. (2023, Oktober 18). *Das Einkaufserlebnis verbessern: 7 Tipps für begeisterte Kunden.* Abgerufen von ▶ https://www.vusion.com/de/insights/7-tipps-zur-verbesserung-des-einkaufserlebnis-im-einzelhandel/ (abgerufen am 01.10.2024).

36 Suri, R., & Monroe, K. B. (2003). The effects of time constraints on consumers' judgments of prices and products. *Journal of Consumer Research, 30*(1), 92–104. ▶ https://doi.org/10.1086/374696.

37 Deci, E. L., & Ryan, R. M. (2012). Self-determination theory. In P. A. M. Van Lange, A. W. Kruglanski, & E. T. Higgins (Eds.), *Handbook of theories of social psychology* (pp. 416–436). Sage Publications Ltd. ▶ https://doi.org/10.4135/9781446249215.n21.

38 Zaichkowsky, J. L. (1985). Measuring the involvement construct. *Journal of Consumer Research, 12*(3), 341–352. ▶ http://www.jstor.org/stable/254378.

5.5 · Raumprogramm

Checkliste
Raumprogramm
- Das Wichtigste: Erfahren Ihre Kunden problemlos Autonomie, Orientierung und Sicherheit?
- Hat die Mitte einen zentralen Ankerpunkt oder Marktplatz, z. B. Aktionstisch?
- Abteilungen: Sind sie klar und intuitiv durch Farbe/Symbole/Schrift erkennbar und auch ohne Hindernisse oder Engstellen zugänglich
- Auch die wichtigsten Servicebereiche erkennbar: z. B. Kundentoilette/ Umkleiden/Werkstatt/Annahmen/Kaffeebar/Kinderecke?
- Intuitiv laufen Menschen an den Empfang bzw. Kasse. Vielleicht steht zusätzlich eine weitere (besetzte) Infostelle zur Verfügung?
- Sind Sie dort auch vorbereitet oder hat der Kunde das Gefühl, er stört (z. B. wenn andere Kunden bezahlen). Die Trennung von Kasse und Service hat sich oft bewährt.

Führung und Orientierung
- Ist die Wegeführung intuitiv („Rechtsdrall") und logisch (sich aufeinander beziehende Produktgruppen) und ermöglicht sie ein leichtes Durchgehen bis in hintere Bereiche?
- Rechtsorientierung: Dort eher Aktionen, da höhere Frequenz
- Durchgänge: Mitarbeiter brauchen nur 50 cm. Aber Kunden (unter Stress) min. 80 cm!
- Beschilderung der wichtigen Dinge: WC, Außenbereiche, Treppen etc.
- Sind Beschriftungen klar, deutlich, unverdeckt und auch stilistisch passend?
- Verbotsschilder vermeiden – dafür Gebotsschilder (lieber: „Für unsere Mitarbeiter" statt „Eintritt verboten")

Ankerpunkte
- Strategische Platzierung: Beliebte oder neu eingetroffene Artikel zentral, Standard – Produkte in weniger frequentierten Bereichen
- auffällige Dekoration, Highlights und Storys durch passende Dekorationen (ohne kitschig werden zu müssen, wobei Kitsch das Auge bindet und oft ein Lächeln schenkt)
- Inseln schaffen Übersicht, Harmonie, sind Anker, erzeugen Aufmerksamkeit, Neugier und die Möglichkeit, in eine Welt einzutauchen (passende Produkte, Story, Deko)
- Hat jede Insel ihren Anker (Beschriftung, Deko, groß, salient und emotional)

- **Grundriss und Achsen**

Ähnlich dem bekannten „Arena-Prinzip", aber stärker auf verkaufsaktive Präsentation fokussiert, tragen klare Sichtachsen, gut platzierte Inseln und logische Abteilungen (z. B. Produktdisplays) zur Orientierung bei. Beachten Sie, wie ◘ Abb. 5.5 veranschaulicht, auch den typischen Rechtsdrall und Zonen, die Intimität erfordern oder nur Ihrem Personal vorbehalten sind.

▪ Das Savannenprinzip

Das sogenannte *Savannenprinzip* in ◘ Abb. 5.6 ist ein Konzept aus der Evolutionsbiologie und erklärt, warum Menschen „savannen-ähnliche" Umgebungen bevorzugen: Diese bieten optimalen Überblick (*Prospektverhalten*) und Rückzugsmöglichkeiten, was Sicherheit und Wohlbefinden fördert. Diese Prinzipien lassen sich effektiv auf die Raumgestaltung im stationären Handel anwenden, insbesondere in Geschäften mit hohem Warendruck, wie Lebensmittel- oder Modegeschäften. Ein Raum, der sowohl Überblick als auch Schutz bietet, lädt Kunden ein, länger zu verweilen und fördert positive Interaktionen.

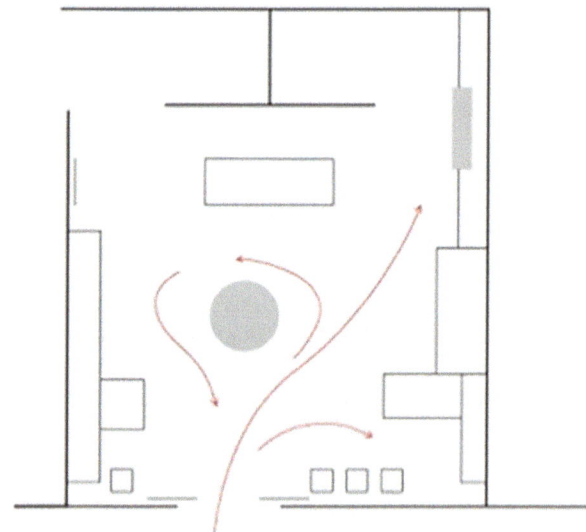

◘ **Abb. 5.5** Orientierung innerhalb Ihres Geschäftsraumes. (Eigene Darstellung)

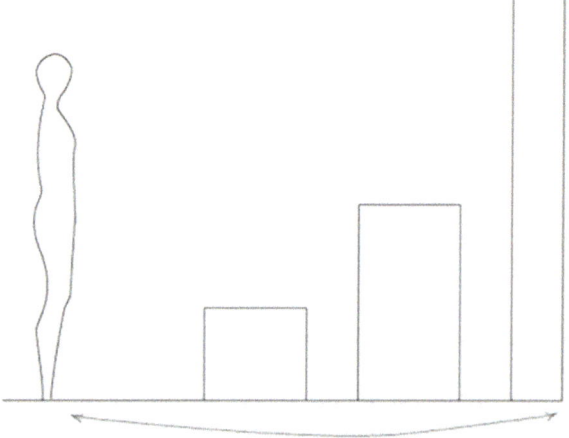

◘ **Abb. 5.6** Das Savannenprinzip. (Eigene Darstellung)

- **Proxemik**

Das Bedürfnis nach einem Mindestabstand zu anderen Menschen, insbesondere in öffentlichen Räumen wie beim Einkaufen, wird als *Proxemik* bezeichnet. Proxemik ist ein Begriff aus der Kommunikationswissenschaft, der von dem Anthropologen *Edward Hall* geprägt wurde. Er beschreibt, wie Menschen ihren persönlichen Raum nutzen und wahrnehmen, um sich sozial und emotional abzugrenzen. Wird dieser unterschritten, kann es zu Unbehagen oder Stress führen.

50 cm breite Durchgänge (halbe Armlänge) scheinen den Händlern oft ausreichend, um Platz zu sparen, verlieren aber dann ab dort die Frequenz und Kaufkraft. Wir kennen alle das beklemmende Gefühl im Lift. Menschen bevorzugen aber bei Unsicherheit Durchgangsbreiten von min 80 cm (eine Armlänge). Fertigen Sie einen simplen Holzstab mit 80 cm für Sie und Ihre Mitarbeiter zur leichten Kontrolle.

- **Praktisch: Das BOH**

Das sogenannte „Back of House". Ein Begriff, der auf die früheren Arbeitsküchen zurückgeht, in denen alles stehen bleiben konnte, während die repräsentative Küche für Gäste vorbereitet wurde – und sich heutzutage wieder großer Beliebtheit erfreut, weil es einfach praktisch ist. Diese Idee macht auch in Ihrem Geschäft Sinn: Durch die Schaffung einer Nische oder einer Tapetenwand hinter der Kasse wird unsichtbarer Platz geschaffen für Postpakete, das Zurückstellen von Reklamationen, das Auszeichnen von Preisen oder ein kleiner Arbeitsplatz.

- **Lounge geht immer: Der Wohnzimmer Look**

Kombinieren Sie Warten mit Beratung und Kommunikation und Behaglichkeit. Wo geht das besser als im Wohnzimmer oder einer Lounge: Sessel, Teppich, Stehleuchte, Bücher, ein Globus und schöne Pflanzen. Fertig.[39]

Savannenprinzip

Wenn Kinder bzw. Menschen in 5 sec (also intuitiv) eine Landschaft malen sollen, dann folgt das Bild oft dem Bild mit dem typischen Prinzip einer Savanne: Hinten gebirgig, davor eine leichte Hügellandschaft, eine Baumgruppierung, ein See, angedeutete Häuser und Kirche. Und oben die Sonne. Dieser interessante Aspekt lässt sich aus unserer Evolution erklären. Zu Erhaltung von Leben, Gesundheit, Wohlbefinden braucht der Mensch eine Umgebung mit zwei wesentlichen Faktoren: Überblick und Geborgenheit. Der Überblick ermöglicht die Kontrolle, was im Umfeld so passiert und fördert gleichzeitig das Explorationsverhalten, das Gefühl der Geborgenheit sorgt für Sicherheit & Wohlbefinden.[40]

---

39 Deci, E. L., & Ryan, R. M. (2012). Self-determination theory. In P. A. M. Van Lange, A. W. Kruglanski, & E. T. Higgins (Eds.), *Handbook of theories of social psychology* (pp. 416–436). Sage Publications Ltd. ▶ https://doi.org/10.4135/9781446249215.n21.
40 Oberzaucher, E. (2017). *Homo Urbanicus*. Springer Verlag.

5.6 Produktpräsentation & Möblierung

- **Verkaufsoptimierung: Mensch und Produkt im Dialog**

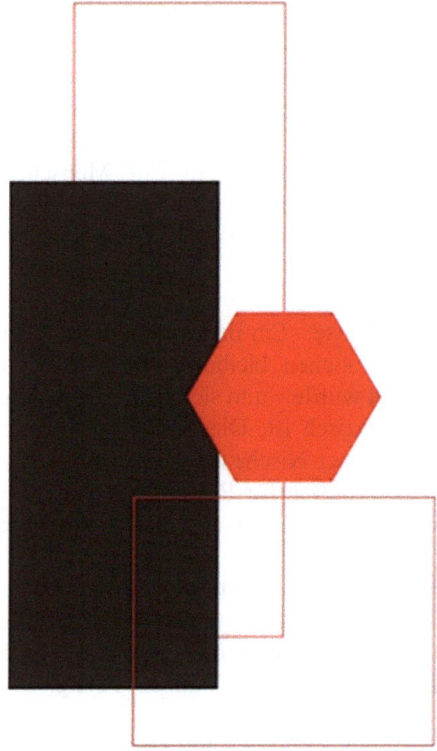

» „Eine sorgfältige Inszenierung schafft nicht nur Aufmerksamkeit, sondern auch das Verlangen, das Produkt zu besitzen." (Massimo Vignelli, Designer)

Übergeordneter Begriff: Kuratieren
„Weniger ist mehr" – oft zitiert, zu selten genutzt.
  Die Lebenswelt Ihrer Kunden hat sich verändert: Wenn Sie heute Ihr Geschäft betreten, bringen sie wenig Zeit, eine geringe Aufmerksamkeitsspanne und ihr Smartphone mit. Damit lässt sich umgehen. Welche Produkte Sie zeigen, muss von Ihnen wohlüberlegt, oder noch besser – bewusst kuratiert sein. Kuratieren stammt von dem lateinischen Wort „curare" ab, welches „sorgen für, sich kümmern um" bedeutet. Indem Sie Ihre Produktpräsentation auf die wesentliche Essenz reduzieren, „kümmern" Sie sich um Ihre Kunden, da Sie bereits eine kompetente und zeitsparende Vorauswahl vorgenommen haben.

5.6 · Produktpräsentation & Möblierung

> Fragen Sie sich für Ihre Produktpräsentation welche Botschaft Sie Ihren Kunden vermitteln wollen. Können Ihre Kunden diese Botschaft verstehen? Macht es Sinn zusätzliche Informationen und Kontext mitzugeben? Und was erlebt er bei Ihnen, was es online nicht gibt?

Die Präsentation von Waren hat einen wesentlichen Einfluss auf das Konsumverhalten. Kunden neigen dazu, mehr zu konsumieren, wenn Produkte ansprechend und zugänglich präsentiert werden. Eine Studie zeigt, dass 88 % der Käufer die Produktpräsentation als entscheidend für ihre Wahl eines Einzelhändlers oder einer Marke betrachten.[41] Dies verdeutlicht, dass die Qualität der Wareninszenierung oft wichtiger ist als die bloße Menge an verfügbaren Produkten.

- **Customer Journey und Convenience Bias**

Kunden bevorzugen einen Einkauf, der leicht und reibungslos verläuft. Komplexe oder unübersichtliche Produktpräsentationen führen hingegen häufig zu Kaufabbrüchen. Studien unterstreichen, dass Konsumenten besonders den einfachen Zugriff auf Produkte und eine klare Navigation schätzen.[42] Dies lässt sich auf das Prinzip der Verhaltenstheorie (*Behavioral Economics*) übertragen: Das Gehirn präferiert Belohnungen, die mit geringem Aufwand erreicht werden können. Dieser „Convenience Bias", also Bequemlichkeits-Fehler, spielt eine zentrale Rolle im modernen Kaufverhalten und erhöht die Kaufbereitschaft erheblich, wenn der Zugang zu Produkten mühelos ist.[43] Komplexität und Hindernisse führen zu Frustration und beeinträchtigen das Kauferlebnis nachhaltig.

- **Magnitude Priming**

Diese Theorie beschreibt, wie die Präsentation von Produkten deren Wahrnehmung beeinflusst. Ein einfaches Produkt kann als hochwertiger wahrgenommen werden, wenn es in einem ästhetisch ansprechenden Kontext präsentiert wird. Umgekehrt kann ein hochwertiges Produkt an Wert verlieren, wenn es ungünstig präsentiert wird.[44]

---

41 Google & Ipsos. (2016). *The role of choice in the consumer decision journey.* Retrieved from ▶ https://www.thinkwithgoogle.com/intl/en-154/insights/consumer-insights/choice-consumer-decision-journey/.

42 PwC (2021): *Future of shopping: How to win consumers in the new retail landscape.* Retrieved from ▶ https://www.pwc.com/gx/en/industries/retail-consumer/publications/future-of-shopping.html, PwC (2020): „Consumer Insights: What Shoppers Want".

43 Beck, H. (2018). *Behavioral Economics: Eine Einführung.* Springer Gabler. ▶ https://doi.org/10.1007/978-3-658-17779-1.

44 Janiszewski, C., & Wyer, R. S., Jr. (2014). Content and process priming: A review. *Journal of Consumer Psychology, 24*(1), 96–118. ▶ https://doi.org/10.1016/j.jcps.2013.05.006.

Checkliste
Dialog Mensch – Ware
- Human Centered Design: Proportionen, Bedienlogik und Greifbarkeit berücksichtigen
- Ideale Verkaufshöhe = Augenhöhe. Generell: Von Hüfthöhe bis max. ca. 2.10 m
- Produkte möglichst nie auf den Boden stellen, sie verlieren ihren Wert
- Abteilungen mit Schrift oder passendem Piktogramm kennzeichnen

Präsentation
- Übersicht & steter Anstieg: Vorne niedrig, hinten höher
- Klare Sortierung und Gruppierungen
  - Farbsortierung
  - Produktsortierung
  - Aktions- bzw. Marken- oder Preissortierung
- Gibt es Freiräume dazwischen? Sie schaffen Übersicht und Hochwertigkeit
- Ein Anheben der Produkte macht es zum begehrlichen Exemplar, sogar Auslaufware
- Highlights auch auf Augenhöhe platzieren

Preisgestaltung und Promotion
- *Ankereffekt*: Warum steht oft im Autohaus gleich am Eingang das Premium Exemplar? Durch Hervorheben von den begehrlichsten Produkten, welche als Vergleich dienen, können zusätzliche oder hochpreisige bzw. verstärkende Produkte in den Fokus rücken.
- Verkaufen statt rabattieren: Zum Beispiel wirken prozentuale Rabatte anders als Preisnachlässe in absoluten Zahlen.

Innovative Produktdarstellung und Präsentation
- Immer Hingucker und Spaßmacher: Nutzen Sie interaktive Displays und digitale Technologien
- Herrschaftlicher Spiegel: Ganzkörperspiegel von Boden bis Decke. Moderne, selbstverliebte Kunden wollen nicht nur das Produkt sehen, sondern sich selbst.

- **Assimilationseffekt**

Ähnlich ist auch der *Assimilationseffekt* und findet vor allem im Marketing seine Anwendung: Es hat sich gezeigt, dass für Kaffee mehr bezahlt wird und besser schmeckt, wenn er von George Clooney getrunken wird. Nutzen Sie also auch Werbeplakate mit bekannten und beliebten Marken und Gesichtern, um die

Abb. 5.7 Idealpräsentation.
(Eigene Darstellung)

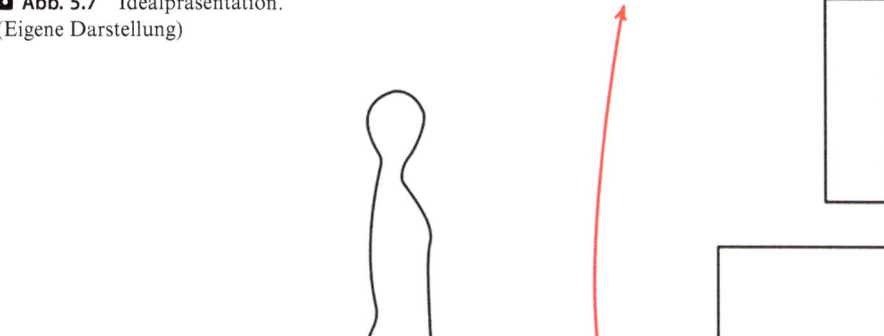

Wertigkeit ihrer Produkte, aber auch das Image des Ladens dadurch anzuheben. Auch Ihre Mitarbeiter sind geeignet und fühlen sich dadurch motiviert.[45]

- **Idealpräsentation**

Ohne Bücken und Strecken, siehe ◘ Abb. 5.7: Die ideale und respektvolle Produktpräsentation liegt zwischen unterer Hüfthöhe (ca. 55 cm) und oberer Greifhöhe (ca. 210 cm): Konsumenten bevorzugen Produkte, die leicht sichtbar und zugänglich sind.

- **Abverkaufsförderung: Der Status-Effekt**

Produkte, die nebeneinander und wie in ◘ Abb. 5.8 auf einer Höhe platziert werden, erfüllen den Standard – können Ihre Kunden jedoch schnell langweilen. Produkte, die physisch „über" anderen positioniert sind, sei es wie in ◘ Abb. 5.9, auf einer Erhöhung, Sockel oder einem Podest, wirken oft wichtiger und genießen mehr Vertrauen. Dies ist ein Phänomen, das stark mit nonverbaler Kommunikation und Hierarchien in sozialen Räumen zusammenhängt. Wie bei Menschen auf einer Bühne: Wenn jemand erhöht steht, schafft dies eine visuelle und psychologische Trennung, die auf Überlegenheit und Kontrolle hinweist. Bühnen oder Podeste sind daher häufig Symbole für Macht, Autorität und Ansehen. Ob Papst,

---

45 Herr, P. M., Sherman, S. J., & Fazio, R. H. (1983). On the consequences of priming: Assimilation and contrast effects. *Journal of Experimental Social Psychology*, *19*(4), 323–340. ▶ https://doi.org/10.1016/0022-1031(83)90026-4.

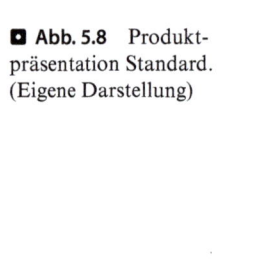
Abb. 5.8 Produktpräsentation Standard. (Eigene Darstellung)

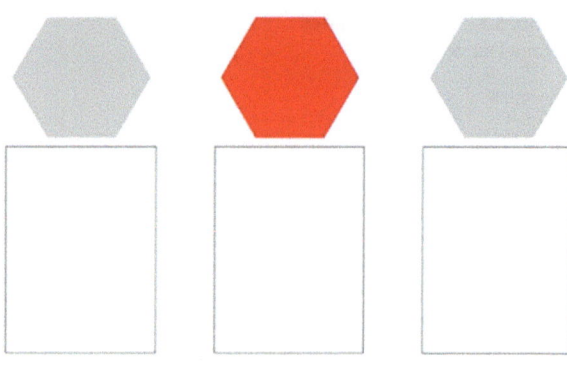

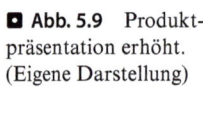
Abb. 5.9 Produktpräsentation erhöht. (Eigene Darstellung)

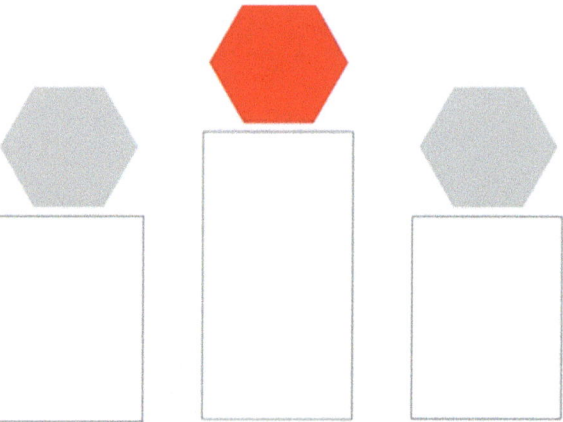

Kanzler oder Rockstar: Der erhöhte Stand lässt auch ein Produkt begehrlicher wirken.[46]

Platzieren Sie Produkte die dringend abverkauft werden sollen wie in ◘ Abb. 5.10 (z. B. Lebensmittel, Blumen oder Produkte aus Vorsaison) etwas höher und vor einem dunklen Hintergrund, mit einem Spot beleuchtet und ggfs. noch preisattraktiv ausgezeichnet. Funktioniert!

- **Chunking**

Dieser Begriff stammt aus der kognitiven Psychologie und beschreibt eine Strategie zur Verbesserung des Kurzzeitgedächtnisses durch die Einteilung von Informationen in handhabbare Einheiten oder „Chunks". Ein typisches Beispiel dafür ist das Merken von Telefonnummern: Anstatt sich die Nummer „123456789" als eine lange Zahlenreihe zu merken, zerlegt man sie in kleinere Gruppen wie „123-456-789". Wirkt auch im Laden: Durch das Anwenden von Chunking, also kleinen

---

46 Karaman, Ö. (2012). *Die Psychologie des Konsums: Grundlagen und Praxis.* Akademiker Verlag.

◘ Abb. 5.10 Produktpräsentation erhöht und mit kontrastierendem Hintergrund. (Eigene Darstellung)

Gruppierungen in der Warenpräsentation und Dekoration können wir ein Bevorzugungsverhalten auslösen.[47]

- **Verfügbarkeitsheuristik**

Produkte, Aktionen und Dekorationen, die limitiert dargeboten werden haben eine hohe Anziehungskraft. Dahinter steckt das *Knappheits-Prinzip*: Begrenzte Produkte wirken begehrlicher und steigern die Kaufbereitschaft. Vielleicht „verknappen" sie künstlich Teile ihres Angebotes, dann schnappt das Kundenhirn schneller zu (siehe Amazon: „nur noch drei auf Lager").[48]

> **Der Mere-Exposure-Effekt**
>
> Der *Mere-Exposure-Effekt* ist ein psychologisches Phänomen, das beschreibt, wie Menschen dazu neigen, positive Gefühle gegenüber Dingen oder Personen zu entwickeln, die ihnen wiederholt präsentiert werden, einfach aufgrund der bloßen Häufigkeit der Exposition, und das ganz unabhängig von anderen Faktoren wie Attraktivität oder Qualität. Mit anderen Worten: Wenn Sie bestimmte Produkte oder Leistungen effizienter verkaufen wollen, präsentieren Sie diese dann an mehreren exponierten Stellen: Je öfter Menschen etwas sehen oder erleben, desto angenehmer erscheint es ihnen.[49]

---

47 Miller, G. A. (1956). The magical number seven, plus or minus two: Some limits on our capacity for processing information. *Psychological Review*, 63(2), 81–97. ▶ https://doi.org/10.1037/h0043158.
48 Cialdini, R. B. (2013). *Influence: Science and practice* (5. Aufl.). Pearson.
49 Zajonc, R. B. (1968). Attitudinal effects of mere exposure. *Journal of Personality and Social Psychology, 9*(2), 1–27.

5.7 Oberfläche & Texturen

- **Ein gutes Gefühl – Die Macht der Sensorik**

» „Die Hände ermöglichen es uns nicht nur, Dinge zu greifen, sondern auch zu begreifen." (David Eagleman, Neurowissenschaftler)

> **Sinnlichkeit – der Schlüssel zum Unterbewusstsein**
> *Sinnlichkeit* beschreibt den Zustand, wenn Menschen dem Erleben einer Situation ihre volle Aufmerksamkeit schenken, sich ihr hingeben und das Geschehnis über alle ihre Sinnesorgane wahrnehmen. Häufig wird Sinnlichkeit mit Erotik in Verbindung gebracht, sie umfasst jedoch weit mehr. Besonders angenehme Texturen können das Belohnungssystem im Gehirn aktivieren. Durch diese bewusste & sinnliche Wahrnehmung können Menschen das Schöne und Anregende in seiner ganzen Fülle erfahren.[50] Nennen wir es Handschmeichler. Von den Oberflächen Ihrer Möbel, bis zum Gewicht Ihrer Visitenkarten und dem Schreibgefühl des Kugelschreibers. Und *Sinnlichkeit* macht Sinn: Studien zeigen, wenn wir unsere Umgebung sinnlich und sensorisch wahrnehmen, verankern sich die Eindrücke tiefer in unserem Gehirn, werden bevorzugt und schneller verarbeitet und wir erinnern uns länger daran.[51]

---

[50] Zeki, S. (1999). Art and the Brain. *Journal of Consciousness Studies*, 6(6–7), 76–96.
[51] Spitzer, Manfred (2006). *Lernen: Gehirnforschung und die Schule des Lebens.* Spektrum Akademischer Verlag.

5.7 · Oberfläche & Texturen

Materialien, Texturen und Oberflächen haben einen tiefgreifenden Einfluss auf die menschliche Wahrnehmung und das emotionale Erleben von Räumen. Haptische Reize, wie das Berühren von Holz, Textilien oder glatten Steinen, vermitteln ein Gefühl von Natur, Echtheit, Wärme und Geborgenheit, das es unser Wohlbefinden fördert. Diese taktilen Erfahrungen wirken oft beruhigend und sind eng mit emotionalen Zuständen verknüpft. Die Wahrnehmung von Oberflächen erfolgt nicht isoliert, sondern durch eine Integration von visuellen und haptischen Informationen im Gehirn.[52] In der Neuroästhetik wurde gezeigt, dass sensorisch ansprechende Materialien das Belohnungssystem im Gehirn aktivieren, was positive Emotionen wie Bindung und Zufriedenheit hervorruft.[53]

- **Taktiles Feedback als „Verstärker"**

Untersuchungen zeigen, dass das Berühren von weichen, warmen oder organischen Oberflächen – also den sogenannten Handschmeichlern – angenehme und beruhigende Empfindungen hervorruft, die ähnliche psychologische Effekte haben können wie zwischenmenschliche Berührungen, die nachweislich die Oxytocin-Produktion (das Bindungs-Hormon) fördern und Unbehagen abbauen können.[54] In einer Studie zur Wirksamkeit der multisensorischen Wahrnehmung zeigten Forscher, dass die Bewertung des Produktes stark von den visuellen und taktilen Reizen beeinflusst wird. Sicher haben Sie bereits davon gehört oder es selbst erlebt: In hochwertigen Gläsern wird ein gleicher Wein besser bewertet als im Pappbecher.[55] So geschieht es auch im Ladenbau: Dunkle Oberflächen werden z. B. edler und hochwertiger empfunden und davor befindliche Produkte wirken gleich begehrlicher.

- **Biophilic Design**

Menschen lieben das Echte: Natürliche Materialien wie Holz oder Stein unterstützen das Wohlbefinden im Handel und können sogar Stress reduzieren. Diese Reaktionen lassen sich durch unsere evolutionäre Verbindung zur Natur erklären. Darum scheinen sie so beliebt zu sein. Eine Studie fand heraus, dass Räume mit sichtbaren Holzoberflächen eine beruhigende Wirkung haben und die Herzfrequenz und das Stresshormon Cortisol senken können.[56] Und sie sind auch leichter wieder aufzubereiten und bzw. zu recyclen.

---

52 Holt-Lunstad, J., Birmingham, W. A., & Light, K. C. (2008). Influence of a „warm touch" support enhancement intervention among married couples on ambulatory blood pressure, oxytocin, alpha amylase, and cortisol. *Psychosomatic Medicine, 70*(9), 976–985. ▶ https://doi.org/10.1097/PSY.0b013e318187aef7.

53 Zeki, S. (1999). Art and the Brain. *Journal of Consciousness Studies, 6*(6–7), 76–96.

54 Gallace, A., & Spence, C. (2009). The cognitive and neural correlates of tactile memory. *Psychological Bulletin, 135*(3), 380–406. ▶ https://doi.org/10.1037/a0015325.

55 Zampini, M., & Spence, C. (2004). The role of auditory cues in modulating the perceived crispness and staleness of potato chips. *Journal of Sensory Studies, 19*(5), 347–363. ▶ https://doi.org/10.1111/j.1745-459x.2004.080403.x.

56 Fell, D. R. (2010). *Wood in the human environment: Restorative properties of wood in the built indoor environment.* University of British Columbia & FPInnovations.

Multisensorische Erfahrungen, die taktile, visuelle und auditive Reize integrieren, können die Wahrnehmung und die Kaufbereitschaft signifikant steigern.[57] So zeigen Forschungen, dass Kunden in Geschäften mit authentischen Materialien und ansprechenden Texturen eher bereit sind, höhere Preise zu zahlen.

Checkliste
- Spiegelt Material, Oberfläche und Textur Ihre Unternehmensidentität, Ihre Zielgruppe, aber auch Ihre Kompetenz?
- Bevorzugen Sie natürliche, warme Oberflächen: Übliche Ladeeinrichtungen wirken oft zu kühl, technisch und steril
- Laden sie den Kunden ein, Ihre Produkte und Ihre Einrichtung anfassen zu dürfen: Berührung kann die Produktion von Oxytocin auslösen – unser Bindungshormon
- Halt geben: Eine Beratungstheke zum Anhalten oder ein Platz zum Hinsetzen, wirkt einladend und wertschätzend. Und bietet Menschen Halt.
- Setzen Sie lieber auf eine warme Holzplatte statt einer kühlen Glasplatte bei Beratungs- oder Empfangsmöbel: Entscheidungen fallen dann leichter.[58]

■ **Materialkontrast fördert Abverkauf**

Spielen Sie bei der Produktpräsentation mit verschiedenen Texturen: Harte und stabile Produkte wirken besser auf einer weichen Unterlage und umgekehrt: So wirkt Schmuck ideal auf einer Unterlage aus Samt. Oder ein weicher Kashmir – Schal auf einer feinen, dunklen Marmor-Unterlage.[59]

---

57 Spence, C., Puccinelli, N. M., Grewal, D., & Roggeveen, A. L. (2014). Store atmospherics: A multisensory perspective. *Psychology & Marketing, 31*(7), 472–488. ▶ https://doi.org/10.1002/mar.20709.

58 Lederman, S. J., & Klatzky, R. L. (2009). *Haptic perception: A tutorial.* Attention, Perception, & Psychophysics, 71(7), 1439–1459. ▶ https://doi.org/10.3758/APP.71.7.1439.

59 Spence, C., Puccinelli, N. M., Grewal, D., & Roggeveen, A. L. (2014). Store atmospherics: A multisensory perspective. *Psychology & Marketing, 31*(7), 472–488. ▶ https://doi.org/10.1002/mar.20709.

- **Komfort schafft Sympathie**
Kunden lieben Behaglichkeit! Bevorzugen Sie z. B. bei der Stuhlauswahl textile Oberflächen im Vergleich zu harten Materialien wie blankes Holz oder Kunststoff. Oder gönnen Sie sich Kissen, da es sich auf das Entscheidungsverhalten auswirken kann: Bei einer Studie wurden dargebotene Produkte hochwertiger bewertet und auf Bildern gezeigte Menschen sympathischer bewertet, sobald Probanden auf textilen und weichen Unterlagen saßen.[60]

- **Gutes Gefühl**
Holz statt Glas: Berührt ein Kunde bei einem Beratungsgespräch eine recht kalte Fläche, wird dem Körper Energie entzogen. Für unser eher energieeffizient reagierendes Gehirn ein klares Signal, langsam, aber sicher den Rückzug anzutreten. Darum ist die Gewissheit größer, dass der Kunde an einem kalten, glatten Tisch eher distanziert reagiert. Auch hier: Das richtige Material macht Stimmung und Umsatz.[61]

> **IKEA Effekt**
>
> Der IKEA-Effekt beschreibt, dass Menschen Objekte, die sie selbst teilweise konfiguriert, zusammengesetzt oder hergestellt haben, mehr wertschätzen als vollständig fertige Produkte. Oberflächen, Texturen und das physische Erleben der Herstellung können diese Bindung verstärken, weil haptische Erfahrungen Emotionen und ein Gefühl der *Selbstwirksamkeit* durch Eigenleistung hervorrufen.[62]

---

60 Iosifyan, M., & Korolkova, O. (2019). Emotions associated with different textures during touch. *Consciousness and Cognition, 71*, 79–85. ▶ https://doi.org/10.1016/j.concog.2019.03.012.
61 Tsunetsugu, Y., Miyazaki, Y., & Sato, H. (2007). Physiological effects in humans induced by the visual stimulation of room interiors with different wood quantities. *Journal of Wood Science, 53,* 11–16. ▶ https://doi.org/10.1007/s10086-006-0812-5.
62 Norton, M. I., Mochon, D., & Ariely, D. (2012). The IKEA Effect: When Labor Leads to Love. *Journal of Consumer Psychology, 22*(3), 453–460. ▶ https://doi.org/10.1016/j.jcps.2011.08.002.

5.8 Farbe

- **Farbe – die Poesie des Raumes**

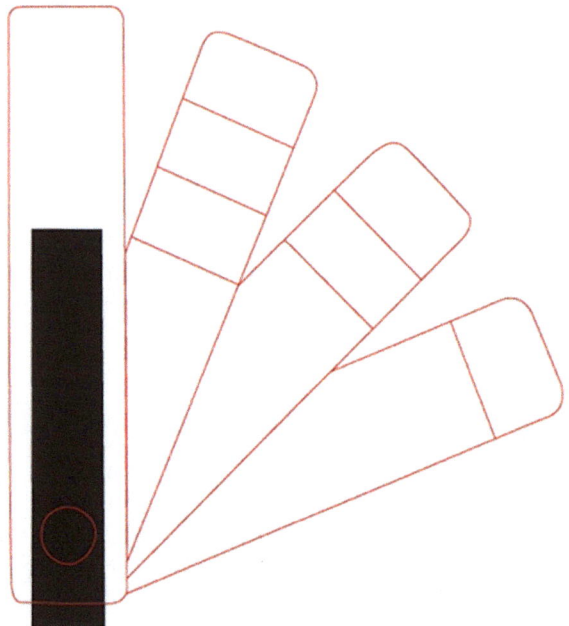

> „Farbe ist die Kraft, die die Seele direkt beeinflusst." (Wassily Kandinsky)

Kreativität
Das Wort Kreativität beschreibt unter anderem die Fähigkeit von Menschen, „in fantasievoller und gestaltender Weise zu denken und zu handeln."[63]
Unsere Fantasie ermöglicht die Vorstellung von etwas, das in der Realität so (noch) nicht vorhanden ist. Wir sehen ein Szenario oder eine Idee vor unserem „inneren Auge". Dadurch hat unser Gehirn die Fähigkeit bisher Unbekanntes zu kreieren, Geschichten zu erfinden und Lösungen auszuarbeiten, die auf ein zukünftiges Zielbild zusteuern. Regt Ihr Geschäftsraum neue Denkweisen oder den Problemlöser in Ihren Kunden an, verstärken sich Fokus und Präsenz bei Ihnen vor Ort. Ihre Kunden sind „wacher", positiv gestimmt, neugieriger – und lassen sich durch Assoziationen, die u. a. auch durch Farbe, Bilder oder Atmosphären entstehen, für Ihr Angebot begeistern.

---

63 Dietrich, A. (2004). The cognitive neuroscience of creativity. *Psychonomic Bulletin & Review*, *11*(6), 1011–1026. ▶ https://doi.org/10.3758/BF03196731.

5.8 · Farbe

„Farbe ist die Poesie des Raumes" sagt ein Sprichwort und unterstreicht somit die Wirksamkeit und das kreative Potential der Farbe. Gleichzeitig das günstigste Mittel, um einen Raum entscheidend zu verändern. Ein neuer Anstrich wirkt fast schon wie ein kompletter Umbau.

Zu wenig wird bei der Farbgebung das komplette Potenzial genutzt: Farben beeinflussen unser Verhalten weitaus mehr, als bis dato bewusst war.

Die Neuroforschung zeigt: Bereits mit 3 Monaten können Kleinkinder das gesamte Farbspektrum erkennen und somit instinktiv einen roten, reifen – also nahrhafteren Apfel – vor einem grünen, unreifen Apfel unterscheiden. So gibt es Farben, die ziehen uns an und es gibt Farben, die in uns ein Unbehagen auslösen. Ein dreckiges dunkleres Braun erinnert uns an Verschmutzungen oder Fäkalien und ist daher nicht von ungefähr die unbeliebteste Farbe. Die alten Cotto-Fliesen mögen zwar pflegeleicht sein, aber sorgen nicht unbedingt bei allen Menschen für einen appetitanregenden Eindruck.

- **Evolutionärer Code**

Die Farberkennung und Ihre Unterscheidung war früher sogar überlebenswichtig, weil wir genießbare Früchte von ungenießbaren unterscheiden mussten. Lang bevor der Mensch Zeichen und Worten kommunizieren konnte, war Farbe bereits eines der wichtigsten Mittel der Verständigung (siehe Tierreich: Bunte und dadurch giftig wirkende Reptilien etc.)

Farben entstehen durch Licht, das auf ein Objekt trifft und teilweise absorbiert und teilweise reflektiert wird. Die reflektierten Lichtwellen treffen auf unsere Augen und werden im Gehirn als Farben wahrgenommen. Farben sind also keine physikalischen Eigenschaften von Objekten, sondern entstehen durch die Interaktion von Licht und dem menschlichen Sehsystem. (Licht: Siehe nächstes Kapitel)

Ein zentraler Aspekt der Schönheit von Farben liegt im Spiel von Licht und Schatten sowie in den Kontrasten zwischen unbunten, hellen und dunklen Tönen. Diese Aspekte sind die wichtigsten Werkzeuge, die uns in der Gestaltung zur Verfügung stehen. Sie ermöglichen es, die visuelle Wirkung von Farben gezielt einzusetzen und eine ästhetisch ansprechende Komposition zu schaffen.

Ist ein Geschäft beispielsweise in warmen Farben gestrichen, sorgt es dafür, dass der Kunde unterbewusst weniger Schwellenangst empfindet als bei kalten Nuancen. Kühle Farben wirken hygienischer und technischer. Somit kann der gezielte Einsatz von Farbe gewisse sublime Codes auslösen, mit denen wir Motivation bei Menschen, Mitarbeitern oder Kunden steuern können.[64]

---

64 Steffens, D. (2024). *Rätselhafte Farben: Tierische Farbwunder und der Blutstrom der Antarktis*. ZDF. ▶ https://www.zdf.de/dokumentation/terra-x/raetselhafte-farben-tierische-farbwunder-und-der-blutstrom-der-antarktis-mit-dirk-steffens-100.html (abgerufen am 01.10.2024).

Farbton & Farbwirkung[65]

- **Rot:** Die Farbe Rot ist sehr kontrovers und ist deshalb mit Bedacht einzusetzen. Generell wirkt Rot anregend, steigert die Aufmerksamkeit und kann sogar den Puls und die Aufmerksamkeit erhöhen. Ideal für Verkaufsförderung und Zonen, die Aktivität fördern sollen. Tiefrote Wände (z. B. Lackoberflächen) haben eine sehr edle und exotisch anmutende Wirkung für exklusive Produkte wie Handtaschen, Antiquitäten oder Nischen in einer Lounge.
- **Blau:** Wirkt beruhigend und vertrauensvoll, aber auch abkühlend und frisch. Geeignet für Bereiche, in denen Ruhe und Konzentration gefördert werden sollen. Oder in Zonen die Hygiene oder Gesundheit symbolisieren (z. B. Messräume bei Optiker oder besonders hygieneempfindliche Produkte wie Fisch). Oder wenn Ihr Laden keine Klimaanlage hat.
- **Gelb:** Fördert Freude und Energie, kann aber in großen Mengen ermüdend wirken. Gut für Akzente und um Aufmerksamkeit zu erregen – Gelbtöne (Senfgelb) wirken z. B. disruptiv und darum modern. Also eher für die Mode-Branche.
- **Grün:** Steht für Natur, Gesundheit und Ruhe. In abgetrübter Variante: Ideal für Gesundheit und Wellness (z. B. helle Moos- oder Olivtöne), aber auch bei Wohn- oder Konsumgütern und bei vertrauensintensiven Produkten (wie z. B. Medical Care, Beauty, Körperpflege).
- **Orange:** Wirkt freundlich und einladend. Gut für soziale Bereiche und zur Schaffung einer warmen Atmosphäre. In abgeschwächter Form (also warmes Beigegrau oder Cremetöne) ideal um warme Atmosphären zu schaffen. Orange steht für Vitalität (z. B. Beautybereich) und Kreativität (ideal für Schreib-, Bastel- oder Büroartikel).
- **Violett:** Steht für Luxus und Kreativität. Eignet sich für exklusive und kreative Abteilungen: Fashion, Schmuck, Spiritualität, Eleganz aber auch Einzigartiges (z. B. Trauringe oder exklusiv Handgefertigtes, wie Gürtel, Leder, Glas).
- **Schwarz:** Schwarz ist das Symbol für Eleganz, Macht und Autorität. In der Mode wird Schwarz mit formeller Kleidung und Seriosität assoziiert, da es schlicht, souverän und stilvoll wirkt. Es strahlt Stärke und Kontrolle aus, kann aber auch – weil es kaum Licht reflektiert und damit Informationen fehlen, die ggfs. Unsicherheit hervorrufen – unangenehm oder distanziert wirken. Jedoch ideal, um Luxusprodukte zu betonen, da es Wertigkeit und Exklusivität suggeriert. Wenn Schwarz zu „hart" wirkt, zu warmem Anthrazit greifen.
- **Weiß:** Psychologisch wirkt Weiß beruhigend, klar und offen, es vermittelt Frische und Sauberkeit. Allerdings kann es auch als kühl und steril empfunden werden, etwa in Krankenhäusern oder minimalistisch gestalteten Räumen. Weiß wird oft genutzt, um Räume größer erscheinen zu lassen, und um eine ruhige, unaufdringliche Atmosphäre zu schaffen. Oft wirkt es zu grell und überblendend. Auch hier gilt: Abgetönte Varianten, wie z. B. Eierschalen-Weiß oder Cremetöne, denn sie wirken weicher.

---

65 Eva Heller Heller, E. (2009). *Wie Farben wirken – Farbpsychologie, Farbsymbolik,* Kreative Farbgestaltung, S. 27–262

5.8 · Farbe

- **Grau:** Gilt als eine unaufdringliche, zurückhaltende Farbe, die oft mit Seriosität und Professionalität assoziiert wird, weshalb sie in Geschäftsumfeldern beliebt ist. Grau symbolisiert auch Neutralität, Sachlichkeit und Ausgewogenheit. Psychologisch wirkt Grau beruhigend und stabil, kann aber auch bei großen Flächen als trist oder emotionslos empfunden werden. Helle und vor allem warme Grautöne sind jedoch die ideale Hintergrundsfarbe, um Produkte hervorzuheben.

Checkliste
Atmosphäre
- Behaglichkeit: Lieber warme, als technische und kalte Farben
- „Cremeweiß" statt „Reinweiß": Es verschmutzt nicht so schnell und wirkt wärmer bzw. einladende
- Hell vs. Dunkel: Helle Farben reflektieren mehr Licht, dunkle weniger. Helligkeit wird grundlegend im Verkaufsbereich bevorzugt, da Menschen mehr Orientierung und Sicherheit erfahren. Dunkle Farben eher in Beratung und Service, da sie Geborgenheit erzeugen.
- Monochromes „Ton in Ton": Schafft eine ruhige und kohärente Atmosphäre. Aktuell sehr angesagt.

Anwendung
- Kleine Räume: Eher hell
- Große Räume: Gern mit ein bis zwei angetönten Wänden
- Strapazierfähigkeit: In stark frequentierten Bereichen bieten Latexfarben eine gewisse Resistenz gegen Schmutz und Abrieb.
- Als Faustregel gilt, maximal drei Farben:
  - Primärfarbe: Größte Flächen wie Decke und Wände: Gedeckte Weißtöne, sehr helle Cremetöne
  - Sekundärfarbe: Ankerflächen, Kontrastflächen, hervorstehende oder tieferliegende Wände & Nischen: Abgetönte Farben
  - Tertiärfarbe: Aktionsflächen, Ankerwände, Pfeiler & Vorsprünge, Schriften, Werbemittel, Deko: Intensivere Farben (z. B. in Anlehnung an CI-Farbe), aber auch Tapeten, Strukturwände, Holzflächen, Steinwände etc.

- **Das „bewährte" Mieterweiß**

Vermeiden sie den Effekt der sogenannten „sozialen Bewährtheit", also das zu tun und als Richtig einzustufen, was auch die Mehrheit macht. Dazu gehört das pflegeleichte RAL 9010, das sogenannte „Mieterweiß", welches gern auf Heizkörpern, Innentüren und den meisten deutschen Wohnungen zu sehen ist. Der Vorteil: Hell, praktisch, neutral, überstreichbar und überall erhältlich. Aber: Durch die Massennutzung wirkt es austauschbar, steril und lieblos. Der Farbpsychologe und Experte

Professor Axel Venn behauptet sogar, dass in komplett Weiß eingerichteten Räumen weniger gelacht wird.[66]

- **Farbig statt bunt**

Naturtöne statt chemische bzw. intensive Farben: Natürliche Farben wirken beruhigend und stehlen Ihren Produkten auch nicht die Show. Wir kennen diese Farben von Fassaden alter Häuser. Sie sind eher dezent. Und umso charmanter.

- **Kontrast erzeugt Hochwertigkeit**

Nutzen Sie die anziehende Kontrastwirkung von dunklen Rückflächen, die Produkte automatisch hochwertiger wirken lassen: Wenn wir uns für den Opernabend kleiden oder ein exklusives Auto kaufen, greifen wir instinktiv zu dunklen Tönen statt zu Sonnengelb oder Maigrün.

- **Komplementär-Effekt**

Aufgrund ihrer großen Gegensätzlichkeit mischen sich Komplementärfarben in unserem Gehirn besonders schwer. Dadurch entsteht ein interessanter Effekt: Sie beginnen wie in ◘ Abb. 5.11 zu flimmern (*Simultankontrast*) oder wirken dadurch

◘ **Abb. 5.11** Simultankontrast Flimmereffekt. (Eigene Darstellung)

---

66 t-online. (n.d.). *Weiß als Farbe für den Wohnraum ist „menschenfeindlich".* t-online.de. ▶ https://www.t-online.de/heim-garten/bauen/renovieren/id_53312088/weiss-als-farbe-fuer-den-wohnraum-ist-menschenfeindlich-.html (abgerufen am 01.10.24).

5.8 · Farbe

besonders herausstechend (siehe Ikea Schriftzug). Komplementärfarben sind diejenigen Farben, die sich im Farbkreis gegenüberliegen (z. B. Blau und Orange). Sie erzeugen bei der Verarbeitung im Gehirn eine hohe visuelle Spannung und Aufmerksamkeit.

Kombinieren Sie also kontrastierende Farben bei Dekorationen: Stellen Sie z. B. die grüne Pflanze vor eine tiefrote Wand und beleuchten Sie sie gezielt. Der komplementäre Kontrast aktiviert die Wahrnehmung: Ähnlich wie bei einem Nachbild (Grün erzeugt Rot) wirkt die Pflanze dadurch besonders hervorstechend. Solche Kontraste erzeugen visuelle Salienz. Expressionistische Maler nutzten dieses Prinzip, um ihren Bildern eine intensivere Farbsättigung und Leuchtkraft zu verleihen: Es aktiviert Geist und Organismus.

- **Nutzen Sie die Kraft der Farbe und gestalten Sie Räume mit gezielten Effekten**

Wie in ◘ Abb. 5.12 zu sehen, eignet sich eine dunklere Gestaltung der Rückwand hervorragend für schmale, längliche Räume, da sie den Raum optisch kürzer wirken lässt. Streichen Sie hingegen die Seitenwände dunkler, wie in ◘ Abb. 5.13 dargestellt, gewinnt der Raum an räumlicher Tiefe und wirkt kompakter. Für eine Atmosphäre der Geborgenheit und Intimität können Sie Decke und Seitenwände in dunkleren Tönen gestalten, wie in ◘ Abb. 5.14 gezeigt. Diese Anpassungen verleihen dem Raum nicht nur eine harmonische Struktur, sondern lassen Ihre Kunden sich willkommen und behaglich fühlen.

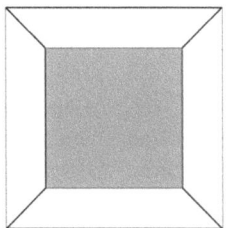

◘ **Abb. 5.12** Rückwand dunkler streichen bei schlauchartigen Räumen. (Eigene Darstellung)

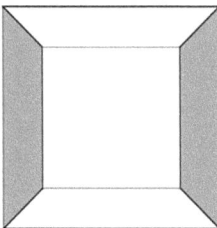

◘ **Abb. 5.13** Seitenwände dunkler streichen bei eher breiten Räumen. (Eigene Darstellung)

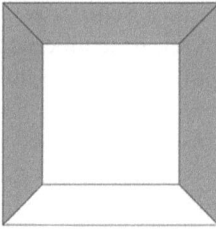

Abb. 5.14 Seitenwände und Decke dunkler streichen für Geborgenheit (z. B. Beratung/Café). (Eigene Darstellung)

- **Galeriewand mit „Pareidolie Effekt"**

Möchten sie eine interessante und gleichzeitig wohnliche Atmosphäre schaffen, die zur Betrachtung und Bewunderung einlädt, dann gönnen Sie sich eine Bilderwand mit Portraits. Am besten vom Flohmarkt oder Antiquitätenhändler. Hingucker und Gespräche garantiert.

Effekt der „Pareidolie"

Sie kennen es selbst, wenn wir im Café sitzen und gerne Menschen beobachten: Das Betrachten, Lesen und Erkennen von Gesichtern und Gesichtsausdrücken spielt eine entscheidende Rolle im sozialen Verhalten. Frühes Erkennen von Freund oder Feind, emotionale Zustände und Intentionen waren und sind essenziell für das zwischenmenschliche Miteinander. Des weiteren aktiviert es unseren Organismus: Bestimmte Gehirnregionen, insbesondere der fusiforme Gyrus, sind darauf spezialisiert, Gesichter zu erkennen und zu verarbeiten. Dieser Bereich wird auch als „fusiform face area" (FFA) bezeichnet und zeigt erhöhte Aktivität, wenn Menschen Gesichter sehen oder daran denken. Dieses Phänomen ist tief in unserer Psychologie und Neurologie verankert und beeinflusst viele Aspekte unseres täglichen Lebens.[67]

---

67 Liu, J., Harris, A., & Kanwisher, N. (2010). Perception of face parts and face configurations: An fMRI study. *Journal of Cognitive Neuroscience, 22*(1), 203–211. ▶ https://doi.org/10.1162/jocn.2009.21203.

5.9 Licht & Beleuchtung

- Sehen, erkennen, kaufen: Richtiges und wirtschaftliches Licht

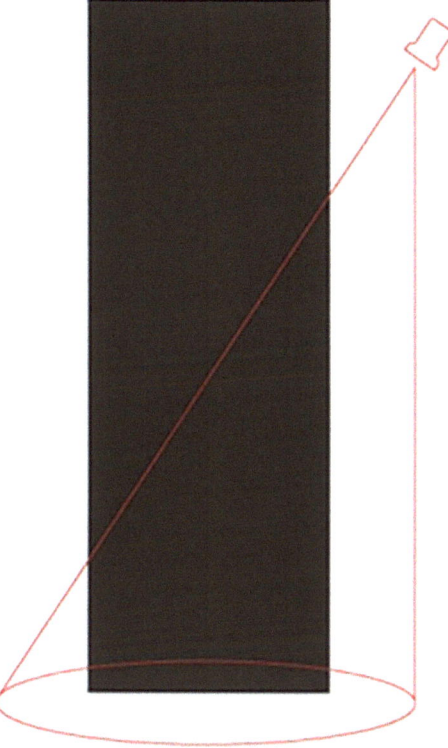

» „Nur was man erkennen kann, wird auch gesehen." (ubk.)

Sicherheit
Das Wort Sicherheit hat seine Wurzeln im lateinischen Wort „secura", was sich aus „se" (ohne) und „cura" (Sorge) zusammensetzt. Ob Ihre Kunden sich bei Ihnen sorglos und sicher fühlen können, entscheidet massgeblich das „Licht", das Sie ihnen zur Verfügung stellen. Licht ist eine Form elektromagnetischer Strahlung, die von Objekten ausgestrahlt und dann reflektiert wird. Diese Strahlung können wir im sichtbaren Spektrum über unsere Augen sehen. „Nur wo Licht ist, da kann man auch was erkennen" – und nur so können wir uns orientieren und uns sicher sein, dass wir alles unter Kontrolle haben und keine Gefahren in unserer Umgebung lauern.

- **Licht: Verhalten und Wohlbefinden**

Licht spielt eine entscheidende Rolle in der Wahrnehmung und Gestaltung unserer Umwelt und beeinflusst dabei sowohl unsere physische als auch psychische Verfassung. Etwa 80 % der Informationen, die wir über unsere fünf Sinne aufnehmen, erreichen uns über das Auge.[68] Licht ist nicht nur ein einfacher visueller Reiz, sondern ein elementarer Faktor, der das menschliche Verhalten, das Wohlbefinden und letztlich auch Entscheidungen im Handel beeinflusst.

- **Wahrnehmung, Sicherheit und Orientierung**

Um Räume wahrzunehmen, benötigt der Mensch eine gewisse Grundhelligkeit. Diese Helligkeit ermöglicht es uns, unsere Umgebung zu erkennen und uns sicher zu orientieren. Studien zeigen, dass Menschen sich instinktiv in helle Bereiche bewegen und dunklere meiden. Dieses Verhalten lässt sich durch die Tatsache erklären, dass in „mehr Licht" auch „mehr Informationen" enthalten sind, was zu einer flüssigeren und weniger energieaufwändigen Verarbeitung von Sinneseindrücken führt. Diese Erkenntnis ist besonders im Einzelhandel von Bedeutung, da sie nahelegt, dass eine strategische Lichtplanung nicht nur die Orientierung, sondern auch die Qualitätswahrnehmung und das Sicherheitsgefühl unterstützt und beeinflusst.[69]

- **Stimmung und emotionale Wirkung**

Darüber hinaus hat Licht einen signifikanten Einfluss auf die Stimmung und das emotionale Wohlbefinden. Helle, gut beleuchtete Umgebungen werden mit positiven Emotionen assoziiert, während dunklere oder unzureichend beleuchtete Räume oft negative Gefühle hervorrufen können. Die Forschung der Universität Groningen zeigt, dass helles Licht positive Emotionen fördert und das allgemeine Wohlbefinden steigert.[70] Diese positive Stimmung kann wiederum die Kaufbereitschaft der Kunden erhöhen, was für den Einzelhandel von zentraler Bedeutung ist. Schlechte oder unangemessene Beleuchtung kann sehr negative Folgen haben, da es das visuelle Erlebnis und das Grundbedürfnis nach Orientierung und Klarheit stört. Man nennt es auch *Poor-Lightning-Effekt*: Anstatt ein Gefühl des Staunens zu wecken, erzeugt es Unbehagen und Stress.[71]

- **Zirkadianer Rhythmus**

Licht beeinflusst auch den zirkadianen Rhythmus, den natürlichen 24-Stunden-Zyklus, der die Schlaf-Wach-Rhythmen des Menschen steuert: Und damit seine Aufmerksamkeit und Vitalität. Besonders blaues Licht, wie es in natürlichem Tageslicht vorkommt, wirkt sich positiv auf die Wachheit und Konzentration aus, wenn es am Morgen eingesetzt wird. Warmes, gedämpftes Licht hingegen fördert

---

68 Fischer E.P. (2013). *Wie kommt die Welt in meinen Kopf oder Die Macht der Sinne*. Herbig-Verlag.
69 Bartenbach, C. (2003). *Licht: Wirkung, Wahrnehmung, Gestaltung*. Birkhäuser.
70 Goldstein, E. B., (2015). *Perceptional Psychology. Wahrnehmungspsychologie*.
 Dept. of Psychology, Pittburg, USA. Deutsche Ausgabe: Springer Verlag.
71 Summers, T., & Hebert, P. (2001). Shedding some light on store atmospherics: Influence of illumination on consumer behavior. *Journal of Business Research, 54*, 145–150. ▶ https://doi.org/10.1016/S0148-2963(99)00082-X.

die Entspannung und bereitet den Körper auf den Schlaf vor.[72] Diese Erkenntnisse sind nicht nur für das allgemeine Wohlbefinden relevant, sondern auch für die Gestaltung von Verkaufsräumen, da sie die Schaffung einer angenehmen und zugleich stimulierenden Atmosphäre unterstützen.[73]

- **Produktwahrnehmung und Kaufverhalten**
Eine Studie hat gezeigt, dass Produkte, die unter gezieltem, qualitativ hochwertigem Licht präsentiert werden, als attraktiver und wertvoller wahrgenommen werden.[74] Diese Wahrnehmung wird durch eine hohe Lichtintensität und eine korrekte Farbwiedergabe verstärkt, was insbesondere bei Lebensmitteln eine entscheidende Rolle spielen kann. Nicht nur Lebensmittel wirken unter warmweißem Licht frischer und appetitlicher, was die Kaufwahrscheinlichkeit erhöht.

Checkliste
Einstellung
- Strahler richtig eingestellt? 90 % aller Leuchten strahlen in der Regel auf den Boden oder ins „Nirwana". Nur angestrahlte Produkte werden gesehen und sie vergeuden damit keine Energie.
- Blendung schmerzt im Auge: Abhilfe schafft das richtige Einstellen der Strahler oder Blendschutz.
- Überblendung und zu helle Wände vermeiden. Das Produkt davor wird sonst schwer erkennbar. Die Pupillen Ihrer Kunden ziehen sich zusammen und plötzlich erscheinen Ihre Waren grau.
- Niemals Licht von hinten: Zu oft, vor allem im Schaufenster, werden Produkte von hinten angestrahlt. Bringt nichts und verpulvert Strom.
- Licht im Sommer an! Durch die höhere Helligkeit draußen benötigt es auch eine höhere Helligkeit innen. Ansonsten wirken Geschäft „schwarz" und geschlossen: Kunden laufen vorbei.

Lichtqualität
- Warm statt neutral – für mehr Wohlgefühl: Eher auf eine geringere Kelvin-Zahl (= wärmeres Licht) zurückgreifen
- Auf hohe Farbwiedergabequalität achten (hoher CRI bzw. RA Wert mit min. 90 – steht auch auf Leuchtmittelverpackung). Eine hohe Farbwiedergabefähigkeit lässt Produkte frischer, hochwertiger und leuchtender erscheinen. Zweiter Vorteil: Die dadurch erzielte Brillanz fördert Motivation, Leistung, Wohlgefühl und Abverkauf.

---

72 Fischer E.P. (2013). *Wie kommt die Welt in meinen Kopf oder Die Macht der Sinne.* Herbig-Verlag.
73 Blume, C., Garbazza, C., & Spitschan, M. (2019). Effects of light on human circadian rhythms, sleep, and mood. *Somnologie, 23*(3), 147–156. ▶ https://doi.org/10.1007/s11818-019-00215-x.
74 Felser, G. (2015). *Werbe- und Konsumentenpsychologie* (4. Aufl.). Springer-Verlag.

> **Atmosphäre**
> — Akzente schaffen Atmosphäre: „Je dunkler der Himmel, umso heller leuchten die Sterne ... sagt man. Also: Mut zu dunkleren Bereichen – sie verstärken die Highlights.
> — Punktstrahler erzeugen Konturen und Kontraste. Die resultierende Schattenbildung hat auch Vorteile: Produkte wirken dreidimensionaler und sind somit leichter für unser Gehirn wahrnehmbar.
> — Kleine oder flache Räume? Licht an die Decke bringen, z. B. durch unsichtbare und günstige Lichtleisten auf den Möbeln.

- **Kleine Anpassungen, große Wirkung**

Statt sofort in eine neue und teure Lichtanlage zu investieren, überprüfen Sie zunächst die Einstellung Ihrer bestehenden Beleuchtung. Ein paar Handgriffe, wie das Neuausrichten der Spots auf Augenhöhe oder direkt auf die Produkte, können Wunder bewirken. Oft reicht das schon, um Ihrem Laden neues Leben einzuhauchen – und das ganz ohne große Ausgaben.

- **Atmosphärische Beleuchtung**

Wenig Aufwand: Nutzen Sie Hängeleuchten, Stehleuchten oder kleine Tischleuchten – sie sind günstig in der Anschaffung und sorgen für eine unbezahlbar wohnliche Stimmung.

- **Kontureffekt – Punktuelle Beleuchtung für mehr Atmosphäre**

Mit gezielten Punktstrahlern können Sie das Auge Ihrer Kunden führen und Ihre Produkte besonders in Szene setzen. Dieser Effekt wird bei Comics oder auch im Fernsehen angewendet. Die durch scharfes Licht erzeugte Kontur dient dazu, Charaktere und Objekte darzustellen, aber auch Produkte wirken wesentlich hochwertiger, frischer und begehrlicher.

> **Lichtstärke, Lichtfarbe und Lichtqualität**
>
> Die Lichtstärke einer Lampe wird in *Lumen* gemessen. Eine Lichtintensität von 2500 Lumen oder mehr eignet sich optimal für Schaufenster und Bereiche, in denen eine klare und helle Beleuchtung erforderlich ist. Die Messung in Lumen ermöglicht eine präzise Bestimmung der Helligkeit einer Lichtquelle und ist daher ein wichtiger Parameter für die Gestaltung von Beleuchtungskonzepten in verschiedenen Umgebungen.

Die Lichtfarbe, die in *Kelvin* angegeben wird, beeinflusst maßgeblich die wahrgenommene Atmosphäre. Eine Farbtemperatur zwischen 4000 und 5000 K entspricht einem eher neutralen Licht, das eine klare und frische Umgebung schafft, ohne zu kühl zu wirken. Die gezielte Auswahl der Lichtfarbe ermöglicht es, die gewünschte Stimmung und Atmosphäre in einem Raum zu erzeugen und das visuelle Erlebnis der Benutzer zu beeinflussen.

Die Lichtqualität (= Farbwiedergabequalität) wird mit dem RA- bzw. CRI-Wert angegeben. Er sollte über 90 liegen: Damit vermeiden Sie, dass Kunden das Gefühl bekommen, mit Produkten „ans Tageslicht gehen müssen" und sie plötzlich gemeinsam auf der Straße stehen, statt im Laden.

5.10 Emotionalisierung

- **Was bleibt im Kopf: Storytelling und Multisensorik**

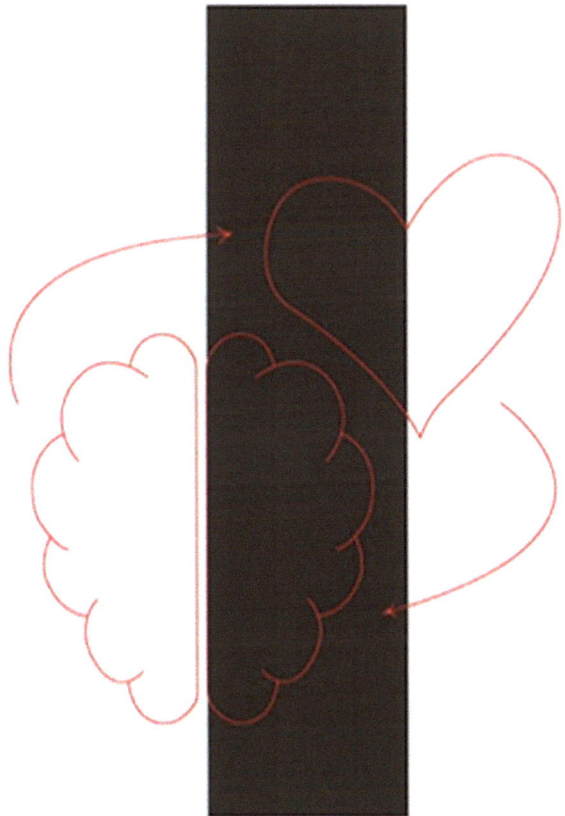

> „Nur das, was wir emotional wahrnehmen, wird tief im Gehirn verankert." (Dr. Manfred Spitzer, Neurowissenschaftler)

> **Die Kunst der Affizierung**
> Menschen lieben Geschichten. Schon als Kinder begeistern wir uns für die Helden in Märchen, und auch als Erwachsene ziehen uns Filme, Theaterstücke und Opern in ihren Bann. Geschichten haben eine klare Struktur, die das Gehirn leicht verarbeiten kann. Diese Struktur – bestehend aus einem Anfang, einer Mitte und einem Ende – erleichtert das Verständnis und die Aufnahme neuer Informationen, indem sie diese in bekannte kognitive Muster integriert. Die Psychologie hat festgestellt, dass wir Informationen in Geschichten einfacher und länger behalten können, weil sie emotionale Reaktionen auslösen. Wenn wir uns emotional mit Charakteren und Handlungen verbinden, bringen wir neurochemische Prozesse, wie z. B. die Freisetzung von Dopamin, in Gang, was das Gedächtnis, Aufmerksamkeit und Stimmung verbessert.

» „Zur Veranschaulichung: An was erinnern wir uns emotional besser?
   a. Was ergibt 17 x 17?
   b. Was war am Tag 09/11?"

In unserer komplexen Welt haben Menschen täglich etwa bis zu 20.000 Entscheidungen zu treffen.[75] Das macht „entscheidungsmüde". Die kognitive Entscheidungsfindung ist für das Gehirn ein komplexer und ressourcenintensiver Vorgang. Dem kann man mit Storytelling und Multisensorik etwas entgegenwirken und den Entscheidungsprozess im Handel so gestalten, dass er möglichst vitalisierend, intuitiv und stressfrei verläuft. Da unser menschlicher Geist intuitive, emotionale und sensorische Reize auch aus evolutorischen Gründen bevorzugt, dienen diese sozusagen als „Verstärker". Studien zeigen, dass emotionale Erlebnisse, die mit einer Geschichte verbunden sind, auch die Erinnerung und die Entscheidungsfindung erheblich positiv beeinflussen können. Studien belegen, dass emotionale Reize die Gedächtniskonsolidierung verbessern, da sie die neuronalen Netzwerke aktivieren, die für die leichte Speicherung und das leichte Abrufen von Erlebnissen verantwortlich sind.[76] Es macht also Sinn, die Effekte und Wirksamkeit von *Storytelling* und *Multisensorik* näher zu betrachten und zu nutzen.

- **Das Storytelling**

Der Mensch nutzt Geschichten seit Jahrtausenden, um Wissen zu vermitteln und seine Kultur zu formen. Seit jeher erzeugen fesselnde Geschichten einen Zustand völliger Konzentration und Hingabe, der Stress reduziert und die Entscheidungsfindung erleichtert. Das Geheimnis im Storytelling liegt darin, dass gewisse Erzählmuster Assoziationen wecken können, an die wir uns unbewusst erinnern und die unsere Aufmerksamkeit erhöhen. Durch Storytelling in der Architektur, der Gestaltung und der Dekoration kann der Kunde in ein „Shopping-Fieber", dem bereits beschriebenen *Flow*-Zustand versetzt werden: Kaufentscheidungen werden müheloser also sonst getroffen.

---

75 Pöppel, E. (2004). Lost in time: A historical frame, elementary processing units, and the 3-second window. *Acta Neurobiologiae Experimentalis (Wars)*, 64(3), 295–301.
76 Pfister, H-R., Jungermann, H., Fischer, K. (2017). *Die Psychologie der Entscheidung.* Springer Verlag.

Checkliste
- Die Botschaft: Ist Ihr Storytelling einfach, bildhaft und verständlich?
- Die Relevanz: Zeigen Sie ein „Problem", das gelöst werden sollte? Oder eine Idee, Vision oder Wunsch, den es zu erfüllen gilt?
- Die Einprägsamkeit: Ist ihr Geschäftsraum emotional genug, um im Gedächtnis zu bleiben?
- Die Handlungsaufforderung: Wie leicht fällt es dem Kunden eine Entscheidung zu fällen? Empfinden Ihre Kunden Freude und Sinn (z. B. Werbung mit Testimonials, die dieses Produkt auch nutzen)?
- Das Resultat: Macht es Freude anderen Menschen von Ihrem Geschäft zu erzählen?

5.10.1 Tipps Storytelling

- **Ihre Historie, Entstehungs- und Gründungsgeschichte**

Kunden sind begeistert von Unternehmen, die es lange gibt, da es ein Qualitätsmerkmal ist: z. B. alte Bilder mit dem Urgroßvater als Geschäftsgründer, oder ein alter Bollerwagen, der vor hundert Jahren zu Auslieferung diente, sorgen für Staunen, Geschichten und Begeisterung

- **Lokalkolorit**

Viele Städte leben von ihrem wunderbaren Umfeld (Kirche, Schloss, Traditionen, Oktoberfest). Bei gekonnter Inszenierung – z. B. der Dom als 3D Silhouette an der Kassenrückwand oder im Schaufenster – freuen sich Einheimische wie Touristen über diesen Wiedererkennungseffekt. MotelOne macht sich mit diesem Effekt sehr beliebt, da im Hotel Wiedererkennung und Aha – Effekte gekonnt gespielt werden.

- **Einzigartigkeit/Customizing**

Personalisierte Produkte oder einzigartige Dienstleistungen steigern den Erlebniswert und sorgen für extra Umsatz. Der Kunde fühlt sich als VIP mit After-Work-Modenschauen mit DJ und örtlicher Presse. Handwerkliche Events erleben aktuell einen Boom.

- **Vitalität und ewige Jugend**

Jung zu sein oder jung zu bleiben hat ein großes Marketingpotenzial. Denken Sie nur an die unzähligen extrem teuren Cremes, die eine schöne und vitale Haut nur versprechen, aber nicht garantieren, aber dennoch vom Verbraucher geliebt werden. Sie verkaufen keine Cremes? Welche Ihrer Produkte sind dann geeignet, Ihrem Kunden ein wenig Frische, Sonne, Natur, Freude, Begehrlichkeit und Vitalität zu verleihen? Dazu ein Glas Prosecco. Et voila.

- **Multisensorik**

Multisensorik beschreibt die bewusste Integration mehrerer Sinne – Sehen, Hören, Tasten, Riechen und Schmecken – um ein umfassendes und immersives Erlebnis zu schaffen. In der Architektur wird sie als erweitertes Kommunikationsmittel eingesetzt, um nicht nur visuelle Botschaften zu vermitteln, sondern auch andere Sinne zu aktivieren.

Die Forscher *Shams* und *Seitz* zeigen auf, was der Onlinehandel nicht kann: Multisensorisches Erleben macht Einkaufsprozesse lebendiger, einladender und emotional ansprechender, was das Wohlbefinden und die Erlebnisse der Menschen verbessert.[77]

Multisensorische Wahrnehmung bedeutet, dass mehrere Sinne gleichzeitig stimuliert werden. Wenn wir Informationen über verschiedene Sinneskanäle aufnehmen, wird diese Information in mehreren Bereichen des Gehirns verarbeitet und tiefer verankert. Weitere Untersuchungen zeigen, dass multisensorische Integration die Reaktionszeit verkürzt und die Genauigkeit von Entscheidungen erhöht, was insbesondere in komplexen oder unsicheren Situationen von Vorteil ist: Multisensorik hilft, schnell und effizient Entscheidungen zu treffen.

Zusammengefasst: Die Vorteile der Multisensorik sind erhöhte Aufmerksamkeit, stärkere Gedächtnisspuren, verbesserte Erinnerung und leichtere Entscheidung.

» „Je mehr Sinne beim Lernen beteiligt sind, desto tiefer wird das Gelernte im Gehirn verankert. Multisensorische Erfahrungen führen dazu, dass wir uns leichter erinnern können, weil die Information an mehreren Stellen im Gehirn gespeichert wird." (Spitzer, 2007)

5.10.2 Tipps Multisensorik

- **Visueller Anreiz**

Über visuelle Reize wurde in diesem Ratgeber bereits ausgiebig berichtet, dennoch: Das Auge bevorzugt Großes, Farbiges, Kontraste, Helligkeiten und Bewegungen. Versuchen Sie den Effekt des Color-Blockings: z. B. eine Ecke bzw. alle Produkte in einer (möglichst) einzigen Farbe. Sehr salient und toller Wow – Effekt.

---

77 Shams, L., & Seitz, A. R. (2008). Benefits of multisensory learning. *Trends in Cognitive Sciences, 12*(11), 411–417. ▶ https://doi.org/10.1016/j.tics.2008.07.006.

5.10 · Emotionalisierung

- **Auditive Stimulation**

Hintergrundmusik oder angenehme Klänge können die Stimmung der Kunden positiv beeinflussen und das Einkaufserlebnis angenehmer gestalten.[78] Aber: Stimmen Sie den Stil und die Lautstärke auf die Zielgruppe ab. Wenn Musik in öffentlichen Bereichen wie Geschäften, Restaurants oder auf Veranstaltungen genutzt wird, ist in der Regel eine GEMA-Lizenz erforderlich. Dazu bieten verschiedene Unternehmen speziell kuratierte Musikdienste für öffentliche Bereiche an.

- **Loudness-Effekt**

Lautstärke allgemein (Autos, Gespräche, Nebengeräusche) können vor allem bei Beratungsgesprächen als störend empfunden werden und das Stresserleben verstärken. Durch den Einsatz von textilen Oberflächen, wie Teppiche, Stoffe, Kissen etc. können die störenden Geräusche gedämmt werden. Tipp aus der Gastronomie: Unter Tische oder Möbel einen Filz kleben, um eine laute Geräuschkulisse zu reduzieren.

- **Olfaktorische Anreize**

Jeder weiß, ein guter Geruch fördert das Wohlbefinden.[79] Halten Sie den Duft jedoch simpel und kombinieren Sie ihn stets mit einem passenden (!) visuellen Reiz, um eine kognitive Dissonanz zu vermeiden: D. h. im Sommer darf es nach Apfel riechen und auf der Theke sollten eine Schale mit Äpfel stehen. Im Winter darf es nach Zimt riechen und auf der Theke sollte ein Teller mit Spekulatius stehen. Im Herbst darf es nach Lavendel riechen und auf den Tischen sollte auch Lavendel stehen. Im Frühjahr darf es nach Flieder riechen und auf den Tischen sollten auch entsprechende Blüten stehen.

Unangenehme Gerüche oder schlechte Luft hemmen das Grundbedürfnis nach Wohlbefinden und Gesundheit. Sie können das Stressempfinden verstärken und die Aufenthaltsdauer signifikant verringern, darum lohnt es sich auch, für eine gute Klimatisierung zu sorgen. Auch, um die Leistungsfähigkeit Ihrer Mitarbeiter zu unterstützen.[80]

- **Haptische Elemente**

Kunden sollten die Möglichkeit haben, Produkte anzufassen und fühlen zu dürfen. Laden Sie dazu ein. Oberflächen, die wie Handschmeichler wirken erzeugen sogar Oxytocin. Solche Texturen und Materialien können ein starkes sensorisches Feedback liefern und das Vertrauen in die Produktqualität stärken (vgl. ▶ Abschn. 5.7).

---

78 Yalch, R. N., & Spangenberg, E. R. (1990). Effects of store music on shopping behavior. *Journal of Consumer Marketing*, 7(1), 55–63. ▶ https://doi.org/10.1108/EUM0000000002577.
79 Fischer E.P. (2013). *Wie kommt die Welt in meinen Kopf oder Die Macht der Sinne*. Herbig-Verlag.
80 Spangenberg, E. R., Sprott, D. E., Grohmann, B., & Tracy, D. L. (2006). Gender-congruent ambient scent influences on approach and avoidance behaviors in a retail store. *Journal of Business Research*, 59(12), 1281–1287. ▶ https://doi.org/10.1016/j.jbusres.2006.08.006.

- **Gustatorische Erlebnisse**

Einer der wichtigsten Grundbedürfnisse der Menschen ist die Nahrungsaufnahme. Es ist also ein strategischer und intelligenter Schachzug, ihren Kunden etwas zu trinken oder auch einen kleinen Snack anzubieten. Oft reicht schon ein Espresso oder Praline. Die dadurch erhaltene Energie fördert nicht nur das Wohlbefinden des Kunden, sondern auch durch den Effekt der *Reziprozität* die Bereitschaft, etwas einzukaufen („wie Du mir, so ich Dir" – man möchte nach einem „Geschenk" etwas zurückgeben).[81]

- **Achtsamkeit bewirken**

Durch den bewussten Einsatz der sinnlichen Stimulanzen kann bei Menschen und Kunden auch mehr *Achtsamkeit* hervorgerufen werden, was wiederum eine tiefere Verbindung zu Ihrem Geschäft entstehen lässt und das Bewusstsein für die eigenen Sinneseindrücke und Erfahrungen steigert, z. B. bewusstes Lauschen statt nur Hören, achtsames Schmecken statt nur Essen oder neugieriges Entdecken und Betrachten statt nur Sehen.[82] Gehen Sie behutsam mit sensorischen Reizen um. Die Dosis bestimmt, ob Medizin oder Gift.

Diese harmonisierende multisensorische Stimulation hat auch einen wirtschaftlichen Vorteil: Oft führt es zu weniger Reklamationen, geringeren Beanstandung und einer verstärkten Loyalität.[83]

Zu guter Letzt die Frage: Gibt es noch einen ultimativen Tipp, der dieses Kapitel „Storytelling und Multisensorik" auf den Punkt bringt?

Ja, den gibt es. Er ist sehr sinnlich und erzählt immer eine Geschichte geprägt von Wertschätzung und Liebe: Stellen Sie an eine schöne Stelle einen großen frischen Blumenstrauß!

» „Der Geist muss still sein, damit er das Flüstern hören kann." (Rick Rubin)

---

81 Cialdini, R. B. (1993). *Influence: The psychology of persuasion.* Quill.
82 Kabat-Zinn, J. (2003). Mindfulness-Based Stress Reduction (MBSR): A manual for the program. *Journal of Clinical Psychology, 59*(2), S. 144–153.
83 Langer, E. J., & Moldoveanu, M. (2000). The Construct of Mindfulness. *Journal of Social Issues, 56*(1), 1–9. ▶ https://doi.org/10.1111/0022-4537.00148.

Ausblick & Potential

Inhaltsverzeichnis

6.1   Eigenschaften dritter Orte – 126

© Der/die Autor(en), exklusiv lizenziert an Springer-Verlag GmbH, DE, ein Teil von Springer Nature 2025
S. Suchanek, *Wirksamer Handeln*, https://doi.org/10.1007/978-3-662-70553-7_6

- **Der dritte Ort**

In der Psychologie und der Handelsarchitektur bezieht sich der Begriff „*Dritter Ort*" auf einen Ort außerhalb von Zuhause (erster Ort) und Arbeit (zweiter Ort), an dem Menschen freiwillig Zeit verbringen, sozial interagieren und ein Gefühl der Zugehörigkeit, der Freude und des Glücks erleben können: Man ist zwar in der Öffentlichkeit, aber man fühlt sich auch „angekommen oder daheim".[1] Ein „*Dritter Ort*" ist oft eine Art „Zwischenort," der für soziale Wesen – also uns Menschen – ein Platz für Gemeinschaft, Geselligkeit und informelle Interaktionen, aber auch die gewünschte Sicherheit bietet. Und uns auch vom grauen Alltag ablenkt. Typische Beispiele für Dritte Orte sind Cafés, Bars, Parks, Bibliotheken, Kirchen und andere öffentliche Plätze.

Dritte Orte bekommen eine immer größer werdende Bedeutung für das soziale Gefüge und das Wohlbefinden der Gemeinschaft. In einer Zeit, in der soziale Isolation zunehmen kann, bieten dritte Orte die Möglichkeit, Kontakte zu pflegen und neue Beziehungen zu knüpfen. Sie tragen zur sozialen Kohäsion bei und fördern das Gemeinschaftsgefühl. Durch den Wandel in unserer Gesellschaft und die immense Präsenz der digitalen Welt: Bieten Sie eine willkommene Abwechslung vom alltäglichen Umfeld und schaffen Raum für Inspiration, Staunen und Begegnung. Das ist DIE Chance für den Handel.

Dritter Ort

Der Begriff „dritter Ort" (englisch „third place" wurde von dem amerikanischen Soziologen Ray Oldenburg geprägt und beschreibt informelle, öffentliche Treffpunkte, die weder das Zuhause (erster Ort) noch der Arbeitsplatz (zweiter Ort) sind.[2] Diese Orte dienen als soziale Ankerpunkte, an denen Menschen zusammenkommen, interagieren und Gemeinschaft erleben können.

6.1 Eigenschaften dritter Orte

- **Handelsfläche**

Die Prognose für die Zukunft lautet: Das Produkt ist tot - es lebe das Gefühl. Umfragen zeigen, Menschen und Konsumenten wünschen sich wieder einen Ort der Begegnung mit Austausch, Respekt, Verlässlichkeit, Transparenz und Freundlichkeit. Nutzen Sie dieses immense Potential. Verkaufen Sie nicht nur ein Produkt, was es online ohnehin günstiger gibt, sondern schaffen Sie einen attraktiven Marktplatz mit Freude, Vertrauen und Menschlichkeit. Das ist in unserer modernen, verunsicherten Gesellschaft von unschätzbaren Wert.

---

1 Richter, P. G. (2022). *Architekturpsychologie: Eine Einführung* (6. Aufl., S. 321). Pabst Science Publishers.
2 Oldenburg, R. (1991). *The great good place*. Marlowe & Company.

- **Kunden**

Dritte Orte richten sich an Ihre Zielgruppe und sind entsprechend gestaltet: Sie bieten eine inspirierende und wertvolle Umgebung, in der sich Menschen treffen und wohlfühlen können. Der Verkauf von Produkten läuft unterschwelliger, aber umso erlebnisreicher. Man zeigt nicht mehr die Masse (das macht bereits der Onlineshop), sondern: Was man damit machen kann und wie das Produkt das Leben bereichert. Ihr Produkt wird dann zum „Must-have".

- **Mitarbeiter (Feel-Good-Manager)**

Verkaufsmitarbeiter sind keine „Verkäufer" mehr, sondern plausible Markenbotschafter für die Zielgruppe: Gleiche Sprache, gleiches Outfit, gleicher Musikgeschmack. Und verstehen somit auch die Ängste, Sorgen, aber auch die Bedürfnisse der Kunden. Motto: *„Ich kenne Dich nicht, aber ich erkenne Dich"*.

Sie werden nicht mehr „Verkäufer*in" genannt, sondern „Feel-Good-Manager" (z. B. Home & Living), „Experience Consultant" (Sport & Lifestyle), „Customer Success Manager" (Technik und Funktion) oder „Brand Advocate" (Luxusbereich), haben einen eigenen Instagram oder TikTok Account, verschicken „nebenbei" eine extra erstellte Playlist und legen zur After-Work-Party im Shop auf, ein Ticket für die begehrliche Gästeliste inclusive. Mitarbeiter werden immer mehr zu einem Teil der Brand und stehen hinter dem Produkt, haben Expertise, Passion und Freude. Sie sind die neuen Heroes.

- **Zeit**

Dritte Orte sind begehrlich und werden regelmäßig besucht und sind oft über lange Zeiträume hinweg Bestandteile des täglichen Lebens der Menschen. Die Zielgruppe fühlt sich zuhause durch Kontinuität und Verlässlichkeit. Und natürlich WLAN, eine Selfie-Wand, Prosecco für die Mama und Matcha-Latte für die Tochter. Kunden fühlen sich wohl, sind frei von Stress und gleiten in einen Flow-Zustand: Sie vergessen Raum und Zeit.

- **Atmosphäre und Seele**

Räume, die eine Seele haben, aktivieren und affizieren den Mensch: Sie wirken inspirierend und motivierend und entzünden oder entfachen etwas, das für Mensch, Mitarbeiter und Kunde schwer zu verbalisieren ist. Sie besitzen die Kraft, Menschen nicht nur zu „umgeben" (oder Produkte zu offerieren), sondern sie auch zu berühren. Ein Platz für Interpretation und Imagination: Inspirierende und bewegende, also „entflammende" Begegnungen, fördern soziale Interaktionen und stiften ein Gefühl von Begeisterung, Staunen und Zugehörigkeit, das in unserer fragmentierten Gesellschaft oft verloren geht. Wirken Sie dem Trend der sozialen Isolation entgegen, indem Sie Gelegenheiten zur Verbindung schaffen und die sozialen Bindungen innerhalb einer Gemeinschaft stärken: In Zukunft wird wahrscheinlich weniger konsumiert - dafür mehr zelebriert!

- **Zuversicht und Zukunft**

Die Gestaltung von Handel und Raum ist kein rationaler Akt mehr, sondern Ausdruck einer bewussten, bedürfnisorientierten Intention. Architekten und Gestalter werden auch psychologisch gefordert: Die Wahl der Einrichtung, die Anordnung, das Licht, die Farben, Texturen, Storys, Events und Musikauswahl – bis hin zu Details wie Blumen auf dem Tisch, der Duft nach Espresso oder Wasser mit einer Zitrone in einer Karaffe – all dies sind die kleinen, aber wirksamen Details, die die Wahrnehmung beeinflussen und das Gefühl eines besonderen Erlebnisses verstärken. Die Berücksichtigung dieser atmosphärischen und emotionalen Komponenten ist daher essenziell, um das menschliche Empfinden und Verhalten in gebauten Umgebungen ganzheitlich zu verstehen und zu gestalten.

Orte mit Liebe zum Detail schaffen einen Mehrwert, indem Sie nicht nur mehr Produkte und Dienstleistungen anbieten, sondern auch emotionale und menschliche Bedürfnisse ansprechen – und so die Grundlage für eine nachhaltige Gemeinschaft, Werte und Wohlbefinden in einer zukunftsorientierten und erfolgreichen Handelswelt legen. Dieses wertvolle Wissen sehe ich als „Benzin": Für eine erfolgreiche und mehr menschenzugewandte Ökonomie.

> „Schöne Räume & Atmosphären inspirieren Menschen dazu, ihr Miteinander ganzheitlicher zu gestalten & intensiver wahrzunehmen, wie kostbar die Welt & all ihre Mitmenschen sind." (Bernard Glassman)

Fazit & meine Vision

Das Wissen der Neuroästhetik in Kombination mit der Wirtschaftspsychologie ist ein interessanter Ansatz, Räume und Ihre Atmosphären zu verbessern, weil kein teurer Umbau erforderlich ist. Letztendlich gilt es, jegliche Stressoren zu beseitigen und intelligente Belohnungsmuster zu nutzen und einzusetzen, die uns im Kopf, aber auch im Herzen anzünden. Es bietet sich also eine aussichtsreiche Zukunft: Zeit für eine Transformation mit Hilfe einer atmosphärischen, ästhetischen und psychologisch wirksamen Gestaltung.

Durch den Fokus der letzten Jahre auf Rationalität, Digitalität und Wirtschaftlichkeit stehen nun weiche Werte wie Verbindlichkeit, Schönheit und Menschenzugewandtheit im Vordergrund. Dadurch wird sich eine neue Gestaltungs- und Handelskultur ergeben, die in der Lage sein wird, den Menschen in seiner tiefen Seele wieder ein gutes Gefühl zu geben. Wir haben nun gelernt: Unser Gehirn und unser Organismus möchte effizient arbeiten. Menschen bevorzugen somit evolutionär vorteilhafte, ästhetische und sinnliche Prozesse, die ein schnelles und sicheres Reagieren und Entscheiden ermöglichen.

Mit der Idee dieses Buches bekommt der Handel nun ein neues Produkt:
Dem Menschen wieder ein gutes Gefühl zu geben.

> **„Allein die Beseitigung der allgegenwärtigen Lieblosigkeit wäre ein Fortschritt in eine menschenzugewandte Handelszukunft."** (Stefan Suchanek)

Serviceteil

Schlussgedanke von Dr. Theresa Gatarski – 132

Schlussgedanke von Dr. Theresa Gatarski

Schönheit rettet den Menschen

Der Mensch ist als einziges Lebewesen von Schönheit tief berührbar, erschütterbar, ja sogar veränderbar. Kein Hund bleibt am Strand stehen, um den Sonnenuntergang zu bestaunen. Zerstreuung, Stress, Sorgen und Leid können unsere Wahrnehmungskanäle für die Schönheit und den Erfahrungsreichtum des Alltags zwar verstopfen, aber eine unerwartete Begegnung mit der Schönheit hat die Kraft, uns wachzurütteln. In der Bewunderung des Schönen werden wir aus uns selbst herausgerissen und sind auf einmal ganz in der Gegenwart. Das hat etwas von Ekstase, von Offenbarung.

Das Designer-Duo Sagmeister & Walsh eröffnete die phänomenale Ausstellung *Beauty*, die 2018/2019 in Wien und Frankfurt zu sehen war, mit der simplen Feststellung, dass die Sehnsucht nach Schönheit so alt ist, wie der Mensch selbst. Schon in der Steinzeit wurden Gebrauchsobjekte nach Kriterien der Schönheit gestaltet. Menschen lieben Schönheit und was uns etwas wert ist, gestalten wir schön. Deshalb ist für Stefan Sagmeister das Gegenteil von Schönheit auch nicht Hässlichkeit, sondern Wurschtigkeit.

Schöne Gestaltung ist keine Nebensache. Das wussten auch die Planer und Erbauer historischer Kirchen, Klöster und Schlösser. In der Renaissance beispielsweise war es das erklärte Ziel von Kunstschaffenden, in der Gestaltung von Gebäuden und Kunstwerken göttliche Harmonie und Schönheit sichtbar zu machen. In dem Wissen, dass dies wiederum eine erhebende Wirkung auf die menschliche Seele hat. Schönheit lockt uns aus uns selbst heraus und macht uns zu besseren Menschen. Eine durchdachte, liebevolle Gestaltung kann Räume, ja ganze Stadtviertel verwandeln. Eine schöne Atmosphäre verändert, wie wir uns fühlen und wie wir uns verhalten. Auf schönen Krankenstationen werden Menschen sogar früher gesund und brauchen weniger Schmerzmittel. Unter dem Sichtwort *Healing Architecture* finden diese Erkenntnisse mittlerweile zunehmend Eingang in die Planung von Gesundheitsbauten.

Die natürliche Dynamik des Lebens tendiert zum Chaos. Unordentlich und formlos wird mit der Zeit alles wie von selbst. Harmonie, Ordnung und Schönheit herzustellen, setzt dem einen schöpferischer Akt entgegen, der viel Kraft kostet. Die Energie, Kunstfertigkeit und Liebe, die jemand in die Erschaffung von etwas Schönem gesteckt hat, sind darin gespeichert. So wird Schönheit zu einer bleibenden Kraftquelle, an der wir andocken können, auch Jahrhunderte später noch, wie es die großen Kunstwerke und das reiche Weltkulturerbe beweisen, zu denen die Menschen damals, wie heute in Scharen pilgern.

Schlussgedanke von Dr. Theresa Gatarski

Insbesondere die Gestaltung von Räumen kann eine starke Atmosphäre entfalten. Da sie uns wie eine Schale umschließen, können wir uns der körperlichen Auswirkungen auf unsere Sinne nicht entziehen. Es gibt Momente, in denen alles am rechten Platz zu sein scheint und man selbst ist mittendrin. Autor und Lebenskünstler Frank Berzbach spricht in diesem Kontext davon, dass es eine Schönheit gibt, deren Teil wir werden, wenn wir uns ihr aussetzen. Solche Orte der Schönheit sind unwiderstehlich attraktiv. Das ist die Magie von Atmosphäre.

Berzbach kommt in seinem Essay *Die Form der Schönheit* zu dem Schluss, dass Schönheit auf höchstem Niveau sichtbare Liebe ist. Wo wir Schönheit begegnen, erleben wir Würde und das Gefühl, willkommen und wertgeschätzt zu sein. Bei einer Umfrage auf Instagram schrieb mir eine junge Musikwissenschaftlerin auf die Frage, was für sie den Kern der Schönheitserfahrung ausmache, Folgendes als Antwort: „Beauty is an experience through the senses, satisfying the soul." Der russische Schriftsteller Fjodor Dostojewski war deshalb sogar der Meinung, dass Schönheit die Welt rettet.

» Dr. Theresa Gatarski Kunsthistorikerin mit Spezialisierung auf Alte Meister. Kuratorin, Autorin und Speakerin.

» Ihre Liebe und Ihre Leidenschaft gilt den philosophischen Fragen zur Schönheit. Dr. Gatarski lebt in München.

MIX
Papier aus verantwortungsvollen Quellen
Paper from responsible sources
FSC® C105338

If you have any concerns about our products,
you can contact us on
ProductSafety@springernature.com

In case Publisher is established outside the EU,
the EU authorized representative is:
**Springer Nature Customer Service Center GmbH
Europaplatz 3, 69115 Heidelberg, Germany**

Printed by Libri Plureos GmbH
in Hamburg, Germany